项目基金资助:国家自然科学基金(51008061)

交通导向下老城中心区空间发展机制研究
The Mechanism Research of Spatial Structure Development Under the Traffic Guidance in the Central Area of Old City

周文竹 著

东南大学出版社
·南京·

内 容 简 介

城镇化进程对我国以人口集聚和机动化提升为主要发展趋势的老城中心区提出了空前的挑战。当前，随着中心区内外结合的快速综合交通体系的建设，原有的城市空间已经不能适应新形势发展的需要，中心区物质空间发展面临着从自主扩张的初级阶段进入交通引导的高级阶段的转型。因此，立足于"交通主动引导、空间协调优化"的观点，研究并建立一套交通导向下中心区空间结构的发展理论和方法，对于促进城市中心区空间可持续发展、丰富老城中心区更新理论，具有十分重要的意义。

本书围绕"历史演变"、"影响机制"、"引导模式"三个层级，就多元交通系统对多尺度空间的引导机制进行了研究。首先本书总结综合交通体系对老城中心区空间影响的历史演变规律，以探寻交通体系对老城空间存在影响的要素及程度。其次，本书从对外交通可达性对区位优势度影响机理、综合交通对用地空间布局的影响机制、街网模式与出行效率作用机理、土地开发强度与交通需求的关联机制等方面切入，理论上阐述了交通对中心区空间发展的主动式引导机制及其规律。最后，本书以常州老城中心区为案例，从新旧组团交通可达下空间区位提升、交通导向下空间结构发展趋向、短路径出行的用地混合重组、效率优先的街网模式转变、公共交通可达的用地强度控制、客流出行特征导向的城铁触媒模式六大方面，提出我国可持续发展的综合交通导向下老城中心区空间规划发展模式。

图书在版编目(CIP)数据

交通导向下老城中心区空间发展机制研究/周文竹
著. —南京：东南大学出版社，2013.12
ISBN 978-7-5641-4711-2

Ⅰ. ①交… Ⅱ. ①周… Ⅲ. ①市中心—城市建设—研究—中国 Ⅳ. ①F299.2

中国版本图书馆 CIP 数据核字(2013)第 314496 号

交通导向下老城中心区空间发展机制研究

出版发行	东南大学出版社
出 版 人	江建中
社　　址	南京市四牌楼2号(邮编：210096)
经　　销	全国各地新华书店
发行热线	025—83790519　83791830
印　　刷	南京玉河印刷厂
网　　址	http://www.seupress.com
电子邮箱	press@seupress.com
开　　本	700 mm×1 000 mm　1/16
黑白印张	10.5　彩色印张　0.5
字　　数	185千
版　　次	2013年12月第1版　2013年12月第1次印刷
书　　号	ISBN 978-7-5641-4711-2
定　　价	48.00元

(本社图书若有印装质量问题，请直接与营销部联系，电话：025-83791830)

序

我们已进入一个信息化和大数据的时代,知识的爆炸层出不穷,在城市规划界更是如此。近几十年来,世界城市化进程不断加速和深化,面临的城市问题亦日趋复杂,人们对城市问题的研究越发重视,关于城市规划的著述越来越多。在 1940 年代和 1950 年代,一年才会出一两本好的著作,现在几乎每天都有一两本新书产生。在这样的时代背景下,"一门课一本教材"的格局早以难以适应学生渴望知识的迫切需求。因此,及时更新教学内容和编制教学参考书就显得十分必要。

东南大学城市规划专业出版的城市规划专业教学参考系列正是为了迎合现代城市规划发展和当前我国城市建设的需要,为学生的学习提供更多和更好的教学材料。这些教学参考书的编写者都是工作在教学第一线的骨干教师,他们的教学经验较为丰富,深知学生所需,并且在开展教学工作的同时,还承担了国家自然科学基金、省部级科研课题以及其他重要规划实践项目。他们结合课程教学改革,将总结的研究成果提炼成教学参考书,以作为城市规划专业教材的一个补充。总体上来看,这些教学参考书具有以下几个方面的特点。

(1) 内容丰富。教学参考书的内容涉及当前我国城市建设工作中面临的城市转型、城市产业发展、城市更新、城市社区、公共交通与土地利用以及城市设计实施等方面,反映了当代课程建设与学科发展的最新成果。

(2) 结合实践。能够与时俱进,紧密结合当前我国城市规划的实践,教学内容与材料关注了在城市规划工作中面临的关键问题,注重了对典型规划设计案例的介绍,具有较强的学术探索性。

(3) 注重启发。这些教学参考书不像教材那样具有经典性和系统性,但它们更注重反映新的知识,强调激发学生学习兴趣和开阔学生学术视野,培养学生的学习能力、实践能力和创新能力。

这一套系列教学参考书为教育部高等学校特色专业建设点(东南大学城市规划专业)的重要成果组成部分,同时受到江苏高校优势学科建设工程的资助。

由于编写时间的仓促和我们认识水平的局限,难以使这套参考书达到完美,只能起到充实城市规划专业教材的作用,殷切希望读者对这一套系列教学参考书多提宝贵意见。

东南大学建筑学院城市规划系主任

阳建强

2013 年 12 月

前　言

我国老城中心区是城市的核心,是城市功能最为集聚、人口与建筑最为稠密、交通出行强度最为集中的地区。高强度的发展带来的突出问题就是与老城容量的矛盾,尤其是面临我国机动化水平的提升,与交通有限容纳力的冲突显得更为强烈。如果交通基础设施的承载力被突破,低运转的交通效率则会给中心区带来结构性的失衡和整体性破坏。因此老城中心区需要根据其与交通系统的协调关系来进行再发展。

从交通体系的升级来看,老城中心区的交通建设已进入到对外建立联系都市圈的快速交通网络,对内建立以轨道交通为骨干、城市道路为主体的发展阶段,原有的城市空间已经不能适应新形势发展的需要,老城中心区物质空间发展面临着从自主扩张的初级阶段进入交通引导的高级阶段转型,因此研究交通导向下老城中心区的再发展问题显得尤为重要。

本书围绕"历史演变"、"影响机制"、"引导模式"三个专题,就多元交通系统对多尺度空间的引导问题进行了研究,并重点针对在常州地区的探索与实践这条主线进行章节组织。第一个专题为交通体系对中心区空间影响的历史演变规律研究,以探寻交通体系对城市空间存在影响的要素及影响程度。第二个专题为交通体系对中心区空间的主导式引导机制研究,包括对外交通可达性对中心区区位影响、综合交通系统对中心区用地空间布局的影响、中心区街网模式与出行效率作用机理、合理交通需求对土地开发强度的控制等四个章节,第三个专题为交通导向下中心区空间发展模式,包括新旧组团交通可达下中心区空间区位提升、多模式交通主导下空间结构发展趋向、短路径导向的用地混合重组、效率优先的街网模式转变、公共交通可达的用地强度控制、客流出行特征导向的城铁触媒模式等六个章节。

本书基于国家自然科学基金(No. 51008061)《面向交通效率提升的

旧城中心区疏解与再集中更新模式研究》、中国博士后科学基金(No. 20090461054)《基于系统耦合的城市中心区用地与交通的一体化发展研究》、中国博士后科学基金特别资助、《常州旧城更新规划研究》等课题的研究成果而开展,力图从交通导向的视角讨论老城中心区的更新及再发展问题。

  感谢东南大学建筑学院和交通学院的领导和同事,他们在本书的写作和修改过程中给予了作者很大的帮助,他们的支持是作者完成本书的坚强后盾。

  本书的一些观点和研究结论重点是针对常州老中心区的特点展开的,并不一定完全适用于其他城市。希望本书能够引起相关人士对中心区更新、土地利用与交通协调发展的兴趣和思考。由于专业背景与学术水平的有限,错漏和不足之处,敬请广大读者批评指正。

目 录

第一章 绪论 ··· (1)
  1.1 选题及背景 ·· (1)
  1.2 国内外研究概况 ·· (1)
    1.2.1 城市空间对交通的影响 ·· (1)
    1.2.2 城市交通对城市空间的影响作用 ··· (2)
  1.3 主要研究内容 ··· (3)
    1.3.1 研究案例城市的选择 ··· (3)
    1.3.2 研究主要内容 ·· (5)
  1.4 技术路线 ·· (6)

第二章 交通对中心区空间影响的历史演变规律 ································ (9)
  2.1 交通技术创新对中心区空间形态演变的影响 ································· (9)
    2.1.1 基本原理 ·· (9)
    2.1.2 案例分析:常州交通技术的创新与城市空间形态的演化 ········· (12)
  2.2 交通系统建设对中心区用地功能演变的影响 ································ (13)
    2.2.1 基本原理 ··· (13)
    2.2.2 案例分析:常州中心区交通系统建设与用地功能演化 ············ (14)
      2.2.2.1 交通系统对工业用地布局演化的影响 ························· (14)
      2.2.2.2 交通系统对居住用地布局演化的影响 ························· (15)
      2.2.2.3 交通系统对商业用地布局演化的影响 ························· (17)
  2.3 交通结构演化对中心区用地强度的支撑 ······································ (19)
    2.3.1 基本原理 ··· (19)
    2.3.2 案例分析:常州中心区交通结构与用地强度演化 ··················· (19)
      2.3.2.1 中心区交通结构演化特征 ·· (19)

2.3.2.2　城市土地利用强度变化特征 …………………………… (21)
　2.4　本章小结 ……………………………………………………………… (23)
第三章　交通对中心区空间的主动式引导机制 ……………………………… (24)
　3.1　对外交通可达性对中心区区位影响 ………………………………… (24)
　　3.1.1　基础概念 ………………………………………………………… (24)
　　　3.1.1.1　交通可达性及其度量 …………………………………… (24)
　　　3.1.1.2　区位理论 ………………………………………………… (25)
　　3.1.2　对外交通与区位分布的关系 …………………………………… (25)
　　3.1.3　对外交通可达性对区位优势度的影响 ………………………… (26)
　　　3.1.3.1　区位优势度 ……………………………………………… (26)
　　　3.1.3.2　区位优势度与交通的关系 ……………………………… (27)
　　　3.1.3.3　区位优势度的计算 ……………………………………… (28)
　3.2　综合交通系统对中心区用地空间布局的影响 ……………………… (28)
　　3.2.1　土地地租竞争理论 ……………………………………………… (29)
　　　3.2.1.1　级差地租 ………………………………………………… (29)
　　　3.2.1.2　居住用地的选择 ………………………………………… (30)
　　　3.2.1.3　商业用地的选择 ………………………………………… (30)
　　　3.2.1.4　产业用地的选择 ………………………………………… (30)
　　3.2.2　交通对中心区用地区位熵的影响 ……………………………… (30)
　　　3.2.2.1　影响度相关性分析方法 ………………………………… (31)
　　　3.2.2.2　数据采集 ………………………………………………… (33)
　　　3.2.2.3　结果分析 ………………………………………………… (37)
　3.3　中心区街网模式与出行效率作用机理 ……………………………… (43)
　　3.3.1　国内外中心区街区模式对比 …………………………………… (43)
　　　3.3.1.1　国外街区模式 …………………………………………… (43)
　　　3.3.1.2　我国城市道路网络形态特点 …………………………… (44)
　　3.3.2　优化街网模式的理论研究 ……………………………………… (47)
　　　3.3.2.1　当前对街网模式认识的不足 …………………………… (47)
　　　3.3.2.2　"路网平均间距"的提出 ………………………………… (47)

3.3.2.3　优化思路的革新：双层规划思想 …………………………(48)
　3.3.3　既定道路资源下效率最优的城市道路平均间距优化模型 ………(50)
　　　3.3.3.1　资源总量约束、变量和响应函数 ……………………………(50)
　　　3.3.3.2　下层规划——各交通方式的交通分配模型 …………………(51)
　　　3.3.3.3　上层规划——出行效率 ………………………………………(57)
　3.3.4　各街网模式下出行效率的模型求解 ……………………………(65)
　　　3.3.4.1　交通方式需求及资源供给总量恒定约束 ……………………(65)
　　　3.3.4.2　路网平均间距的极值约束 ……………………………………(65)
　　　3.3.4.3　求解 ……………………………………………………………(65)
　　　3.3.4.4　结论分析 ………………………………………………………(68)
3.4　土地开发强度与交通需求的关联 …………………………………………(71)
　3.4.1　不同开发强度模式下的城市交通发展主张 ……………………(71)
　3.4.2　密度与交通方式选择 ………………………………………………(71)
　3.4.3　密度与出行距离 ……………………………………………………(75)
　3.4.4　强度与交通生成 ……………………………………………………(77)
3.5　本章小结 ……………………………………………………………………(80)

第四章　交通导向下中心区空间发展模式 ……………………………………(82)

4.1　新旧组团交通可达下空间区位提升 ………………………………………(82)
　4.1.1　基本原理 ……………………………………………………………(82)
　4.1.2　案例模式：常州中心区对外交通与区位提升 ……………………(82)
　　　4.1.2.1　常州中心区对外交通需求 ………………………………………(83)
　　　4.1.2.2　中心区现状对外通道及可达性 …………………………………(85)
　　　4.1.2.3　中心区新增对外通道及可达性 …………………………………(87)
　　　4.1.2.4　区位优势度的相对提升 …………………………………………(88)
4.2　多模式交通主导下空间结构发展趋向 ……………………………………(89)
　4.2.1　基本原理 ……………………………………………………………(89)
　4.2.2　案例模式：常州市交通导向下空间结构发展趋向研究 …………(90)
　　　4.2.2.1　各交通体系对居住空间结构的影响 ……………………………(90)
　　　4.2.2.2　各交通体系对公共服务区空间结构的影响 ……………………(91)

  4.2.2.3 各交通体系对公共服务区空间结构的影响 ·············· (93)
4.3 短路径出行导向的用地混合重组 ································· (94)
 4.3.1 混合熵对出行需求影响理论 ································· (94)
 4.3.2 成功案例借鉴 ·· (94)
  4.3.2.1 香港轨道站点混合用地研究 ······························ (94)
  4.3.2.2 广州花都 CBD 轨道站点周围混合用地研究 ········· (96)
 4.3.3 适宜的用地混合度 ·· (99)
  4.3.3.1 土地利用混合度量化 ·· (99)
  4.3.3.2 出行距离统计 ·· (100)
  4.3.3.3 居住—就业平衡对工作出行距离影响模型 ············ (102)
  4.3.3.4 居住—商服混合对非工作出行距离影响模型 ········ (103)
  4.3.3.5 比较：谁影响出行距离更多？ ···························· (103)
  4.3.3.6 用地混合度阀值 ··· (104)
4.4 效率优先的中心区街网模式转变 ································· (105)
 4.4.1 "四角"与"边缘"模式 ·· (105)
 4.4.2 高密度单向二分路网模式 ····································· (106)
 4.4.3 等间距路网模式 ··· (107)
4.5 公共交通可达的中心区用地开发强度控制 ····················· (109)
 4.5.1 分析方法 ·· (110)
 4.5.2 案例分析 ·· (110)
  4.5.2.1 现状土地开发与公交承载力的矛盾 ···················· (111)
  4.5.2.2 土地开发与公交承载力协调控制 ······················· (113)
4.6 客流出行特征为导向的城际铁路地区空间发展模式 ········ (116)
 4.6.1 以客流需求为导向的产业发展策略 ························· (117)
 4.6.2 以出行距离为导向的圈层用地布局 ························· (118)
  4.6.2.1 出行距离与圈层规模 ······································· (118)
  4.6.2.2 出行距离与产业空间分布 ································· (120)
  4.6.2.3 出行距离与用地布局 ······································· (121)
 4.6.3 以交通供给为导向的开发强度 ······························· (123)

  4.6.4 案例 …………………………………………………… (124)
    4.6.4.1 现状 ………………………………………… (124)
    4.6.4.2 产业策略 …………………………………… (125)
    4.6.4.3 用地布局 …………………………………… (125)
    4.6.4.4 开发强度 …………………………………… (125)
 4.7 本章小结 ………………………………………………… (127)
第五章 研究结论与展望 ………………………………………… (130)
 5.1 主要研究成果与结论 …………………………………… (130)
 5.2 研究展望 ………………………………………………… (134)
参考文献 ……………………………………………………………… (135)
附录 A 中心区不同间距下路网模式 ……………………………… (143)
附录 B 中心区信号绿时图及交叉口布局图 ……………………… (151)

第一章 绪 论

1.1 选题及背景

　　城镇化进程,对我国以人口集聚和机动化提升为主要发展趋势的老城中心区提出了空前的挑战。当前,随着中心区内外结合的快速综合交通体系的建设,原有的城市空间已经不能适应新形势发展的需要,中心区物质空间发展面临着从自主扩张的初级阶段进入交通引导的高级阶段转型。而在传统的中心区更新理论与规划实践中,往往仅注重对中心区空间结构、形态、用地布局的探讨,而交通资源作为配套设施被动适应中心区规划的发展需求,交通建设对空间发展的引导性不强。因此,立足于"交通主动引导、空间协调优化"的观点,研究并建立一套交通导向下中心区空间结构的发展理论和方法,对于促进城市中心区空间可持续发展,丰富城市中心区更新理论,具有十分重要的意义。

1.2 国内外研究概况

　　城市空间与交通互动关系研究涉及城市规划、交通规划、城市地理等多门学科的交叉,一直都是国内外城市交通规划师、城市规划师和城市地理学家研究的一个热点课题。

1.2.1 城市空间对交通的影响

　　自从 Mitchell and Rapkin[1](1954)提出城市交通是土地利用的函数以来,人们从对狭义的土地利用与交通关系的研究扩展为对广义的城市形态与出行或交通行为关系的探讨,比较不同城市形态、结构(如人口密度、单中心或多中心的城市结构等)对交通出行需求及其特征的影响(Frank and Pivo, 1994[2]; Curtis, 1996[3]; Simmonds, 1997[4]; Giuliano and Genevieve, 1997[5]; Yingling Fan, 2007[6])。定量研究上,将土地利用作为影响因素的交通规划模型成为研究的重点。该类模型以1944年创立的OD四阶段模型为代表,这些模型认为土地使用的类别决定交通产生与吸引的种类,土地使用的强度决定交通产生与吸引量,之后得到多次改进(TRB, 2002[7])。国内学者从中国实际出发,就城市空间对交通的作用机理进行了研究,东南大学王炜(2006)教授提出了从城市形态、交通模式探讨与路网结构的耦合关系[8],孙斌栋(2008)探讨了单中心或多中心的城市空间结构对交通出行的影响[9],钱林波(2000)[10]、周素红(2006)[11]、杨敏(2007)[12]、彭晓(2008)[13]定量研究城市空间对交通出行特征的关系模型。综合来看,上述研究就揭示空间发展对交通出行需求的作用机理方面取得了较为丰富的成果,而对于交通资源供给及其对空间的反馈引导作用研究却没有涉及,研究的互动反馈性不足,造成空间发展的合理性缺失。

1.2.2 城市交通对城市空间的影响作用

早期芝加哥学派[14]就交通对地域空间结构的影响理论中就指出交通系统是影响市场区和中心地体系形成的一个重要影响因素。而后交通对城市形态(Hall Peter, 1997[15]; Richmond and Jonathan, 1998[16])、土地利用布局(Stover, 1988[17]; Still, 1999[18])及土地价格(Baerwald, 1981[19])的影响受到了更多的关注。除了上述的定性分析外,交通对土地利用的定量关系模型也成为研究的热点,在土地利用模型中,大多将交通需求作为影响土地利用的变量,计算交通设施引起的居住就业数量变化和空间分布,如劳瑞模型(Berechman, 1988[20])。另外,地理学家也运用地理信息技术探讨交通可达性对土地利用的影响(William Lam, 2000[21]; Bertolini, 2005[22])。而在规划实践层面,1988年由Peter Caltherpe[23][24]提出的步行邻里街区以及随后的TOD(公共交通导向模式)、精明增长(smart growth)(Heart and Bennet, 2000[25])均是从交通方式的出行特征及要求对邻里街区进行空间设计。国内学者段进[26]在对城市空间结构的研究中指出交通是重要影响因素。交通对城市形态(杨涛2006[27])、空间结构(管驰明、崔功豪,2003[28])土地利用布局(潘海啸,2007[29];曹小曙,2008[30];杨励雅,2008[31];张正康,2009[32])、土地价格(丁成日,2005[33])的影响也受到成为研究的热点问题。在发展战略上,国内研究主要集中在对国外模式的消化吸收阶段。潘海啸、任春洋(2005)关注国际TOD发展动态,评述了2002年美国TOD的调查研究报告[34],马强(2007)提出我国应从小汽车城市走向公共交通城市的精明增长道路[35]。综合来看,上述研究就揭示某单一类别的交通供给(如机动车道路建设)对空间的作用机理提供了较好的理论指导,但是面对现代化综合交通体系建设的新形势,缺乏就综合交通体系探讨其对空间发展模式的影响。

因此,本书将充分吸取已有研究成果,针对上述研究不足,在申请者已有研究工作的基础上,将单一的交通资源供给延伸到为现代多元化方式服务的综合交通体系,注重综合交通体系对城市空间的主动引导作用及效果的研究。

1.3 主要研究内容

1.3.1 研究案例城市的选择

常州是长三角区域的三级中心城市,2007年人均GDP超过7000美元,正处于工业化中后期向后期转变的城市发展阶段。常州市旧城中心区占地9 km²,长期以来一直是城市发展建设的重点地区与关注焦点,高度的社会经济集聚效益促成该地区不断发展与繁荣。2009年,旧城中心区人口密度为1.8万人/km²,用地布局以居住用地为主,商业、行政办公、学校、医院多种用地相混合。随着常州市"一体两翼"新城市格局的逐渐形成,为旧城中心区的转型、更新与提升创造了千载难逢的良机。而目前常州市旧城中心区主要道路高峰小时的路段服务水平为0.71,接近饱和水平,交通效率的降低将不能保证旧城中心区良性发展。

为此,2009年常州市规划局委托东南大学城市规划课题组编制《常州旧城更新规划研究》[36]①以及交通规划课题组编制《常州公交线网优化方案研究》[37],将更新规划与交通规划进行整合反馈,对其他城市具有借鉴意义。本书作者是两个工作组的主要成员,通过对常州旧城的功能演变、用地布局、开发强度、居民出行数据和老城交通流数据的大量调研,掌握了第一手资料和历年航测影像图,建立了用地演变模型和交通出行特征库,亦为本书的研究提供了数字化分析平台。

---

① 《常州旧城更新规划研究》荣获2011年度全国优秀城乡规划设计三等奖。

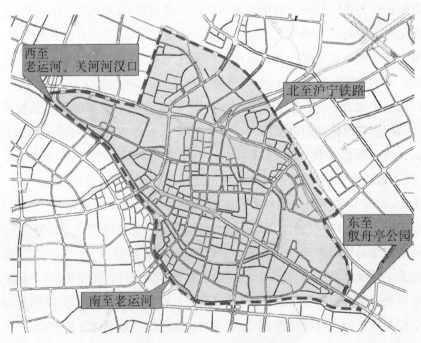

图 1.1 常州中心区区位及范围

1.3.2 研究主要内容

本书研究内容包括以下3个专题:

1) 交通体系对中心区空间影响的历史演变规律研究

从历史到现状,研究拟以常州老城中心区为典型案例,通过分析提取各时期阶段中心城区的空间形态、用地功能以及规划强度变化,结合不同时期的交通技术创新、交通系统建设、交通结构演化,总结综合交通体系对中心区城市空间影响的历史演变规律,以探寻交通体系对城市空间存在影响的要素及影响程度。

2) 交通体系对中心区空间的主导式引导机制研究

良好的交通体系可提高中心区可达性,引导传统城市中心区的空间进行全面更新和发展,本书拟从宏观到微观,结合"多层级量化"方法,在中心区对外、中心区内部两个层级,通过量化综合交通体系对中心区空间发展的影响作用,从理论上阐述综合交通对中心区空间发展的主动式引导机制及其规律。

(1) 中心区对外

- 对外交通可达性对中心区空间区位的作用机理:在廓清交通可达性概念及度量方法基础上,揭示对外交通与区位分布的关系,运用区位优势度模型,度量中心区对外交通可达性对中心区空间区位的影响度。

(2) 中心区内部

- 各交通方式资源配置对用地布局的作用机理:借助土地地租区位竞争理论,剖析受地租影响的居住、商业、产业用地选择机制。运用信息论中"熵"理论,在量化产业用地、居住用地、商业用地的区位熵基础上,研究各交通方式道路资源体系对各类用地区位熵在空间分布的耦合特征及耦合模型,揭示各交通方式资源配置对用地布局的作用机理。

- 中心区街网模式与出行效率作用机理:在对比国内外不同街网模式基础上,以出行效率最大化为目标,研究各交通方式适应的路网平均间距优化问题,从理论上建立路网平均间距优化的 BLP 优化模型,并设计算例对模型求解。

- 交通需求对关联中心区用地强度的控制机理:在揭示城市开发强度与交通量、交通方式和出行距离等交通需求的影响下,从公交主导、与供给资源匹配的交通生成、缩短出行距离等一系列的交通需求合理化措施上,对土地开发强度提出控制策略。

3) 交通导向下中心区空间发展规划模式

基于上述理论研究,以常州中心区为案例,提出我国可持续发展的综合交通导向下的城市空间规划发展模式。

• 新旧组团交通可达下中心区空间区位提升:通过比较常州中心现状对外可达性与新增对外通道可达性的基础上,度量改善前后中心区区位提升的相对优势度。

• 多模式交通主导下空间结构发展趋向:在交通对中心区空间结构的影响机制导向下,通过判断交通体系导向下未来居住空间、公共服务空间、产业空间的合理布局,确定交通导向下常州市空间结构中心的发展趋向。

• 短路径导向的用地混合重组:在借鉴香港地区等已有成功混合用地案例基础上,构建居住—就业平衡对通勤出行距离影响模型、居住—商服混合对非工作出行距离的影响模型,并探寻以短路径出行为目标的最佳用地混合度阀值。

• 效率优先的街网模式转变:针对效率优先的路网间距,探讨与之对应的城市用地—街网一体化的设计模式。

• 公交可达的用地强度控制:结合"供需平衡"理论,对评价土地开发强度与公共交通承载力关系的定量分析方法进行了研究。以公交承载力为约束,建立公交承载力对用地开发强度的控制模型,用以确定与公交容量相平衡的用地开发强度。

出行特征导向的城铁地区空间发展模式:借助常州城铁客流出行特征调查数据,对站场地区的产业、用地布局、强度提出发展模式。首先通过调查与城际铁路客流相类似的沪宁动车组旅客对站点周边设施的需求,探讨站场地区的产业转型方向。其次,在对旅客前往各产业设施的出行方式与忍受时间的意愿调查基础上,通过分析旅客的出行距离特性,研究与其相关的用地布局。

1.4 技术路线

本书在对城市空间、交通调查数据的调查及提取基础上,通过总结以综合交通体系为导向的中心区空间历史演变规律,挖掘交通对中心区城市空间产生影响要素的相关性,从而运用"多层级量化"探寻交通对中心区空间发展的主动式引导机制及影响模型,并提出我国可持续发展的交通导向下的城市空间发展模式。本书各研究内容之间的关系及相应的研究方法如图1.1所示,主要技术路线可以概括为"基础资料数据调查提取、历史演变总结、引导机制研究及主动式规划模式构建",具体实施方案如下:

1) 基础资料数据调查提取

该层次研究是本书的前提和基础,将根据东南大学城市规划与设计及交通运输规划与管理学科两个课题组既往在常州中心区的工作科研成果,利用GIS技术提取中心区的城市空间演化数据,并运用人工调查法、视频系统采集交通调查数据,以充分发挥数据对于科学研究的基础性作用。

2) 历史演变总结

从历史到现状,通过分析各时期阶段案例城市的中心区空间变化以及综合交通调查数据,总结综合交通体系对中心区城市空间影响的历史演变规律,对综合交通体系对中心区空间产生影响程度进行分析评价。

3) 引导机制研究

该层次的研究工作是核心内容,研究工作将充分汲取东南大学城市规划学科(重点为中心区城市更新)与交通运输规划与管理(重点为城市交通供需平衡机理)深厚的学术积淀,采用的研究方法涉及城市规划、交通工程学、运筹学、统计学、系统工程和复杂性科学等多学科,包括运用区位优势度模型研究对外交通对中心区空间区位的提升,运用信息论熵理论研究各交通方式对中心区内部的用地布局机理、运用博弈理论BLP模型研究中心区街网模式与效率作用机制、运用供需平衡理论研究用地强度与交通需求的关联机理。

4) 主动式规划模式构建

基于上述揭示的交通对空间影响的作用机制,以常州中心区为案例,从新旧组团交通可达下空间区位提升、交通导向下空间结构发展趋向、短路径出行的用地混合重组、效率优先的街网模式转变、公共交通可达的用地强度控制、客流出行特征导向的城铁触媒模式六大方面提出我国可持续发展的综合交通导向下的是中心区空间规划发展模式。

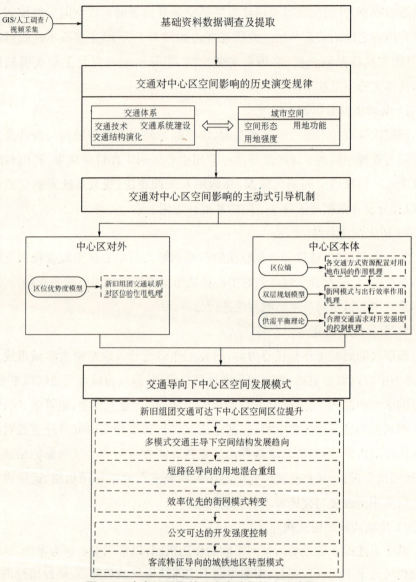

图1.2 本书拟采取的研究方法及技术路线图

第二章 交通对中心区空间影响的历史演变规律

从历史到现状,本书拟以常州老城中心区为典型案例,通过分析提取各时期阶段中心城区的空间形态、用地功能以及规划强度变化,结合不同时期的交通技术创新、交通系统建设、交通结构演化,总结综合交通体系对中心区城市空间影响的历史演变规律,以探寻交通体系对城市空间存在影响的要素及影响程度。

2.1 交通技术创新对中心区空间形态演变的影响

2.1.1 基本原理

世界各国的经济发展史证明:交通是城市形成和发展的重要动力。20世纪以来,正是在快捷的交通运输的推动下,资本、技术、劳动力等生产要素在全球范围内自由流动和优化配置,带动了世界经济结构和产业布局的重组分工,促进了经济的全球化和城市化。不同的历史时期,伴随着交通技术的创新,都塑造了一种城市空间组织形态的特殊模式(图2.1)。廓清交通与城市发展的辩证关系和发展规律,对确定未来中心区的合理发展形态,具有重要意义。

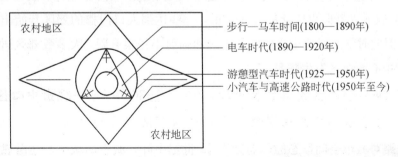

图 2.1 交通技术创新与城市空间形态的变化[38]

1) 步行时代(1832—1890年)——中心区紧凑发展

城市因水路交通而兴,在重要的江岸渡口,在两条通航河道交汇处,常常在两岸分别筑城。城市一般沿河流带状发展,城市用地多沿河布置。早期的城市由步行导向、城市活动集聚成团,各种经济活动的焦点以及工业、商业和住宅的高密度区都在城市中部核心区,彼此接近,受江河湖泊等自然条件的限制,呈不规则形,但内部的城市布局与道路系统遵从棋盘式原则。典型的城市是高度集聚的。

2) 马拉有轨车时代(1832—1890年)——中心区星状形态的出现以及中心边缘环形结构的重建

1832年美国纽约出现了世界上第一条马拉有轨车线路。它的引入和发展带来了城市空间形态的第一次显著变化。由于原来步行时代中心区的混杂集聚,导致一系列外部不经济问题的发生,中产阶级开始利用马拉有轨车从中心区迁移,城市原始的、紧凑的空间形态转变为以城市中心为起点向外呈辐射状分布的星形模式。

到19世纪80年代,城市中产阶级的住房需求呈现填充式扩展,促进了众多环形马拉有轨车线路的修建和连通,使中心区边缘同心环状模式又得以重建。

3) 电车时代(1890—1920年)——城市跳出中心区,出现扇形模式

1888年,美国弗吉尼亚州出现了世界上第一条电车线路,电车的创新和广泛采用导致了城市空间形态第一次最剧烈的变革。电力有轨车以其具有更廉价、更快速的优势,使中、高收入阶层不断向城市边缘区和建有有轨车线、原本不发达的更远的郊区迁移,城市跳出中心区,沿着有轨车线路主干道迅速生长,一种独特的扇形模式开始形成。

电力有轨车的迅猛发展也导致了主要交通干道沿线商业带的形成和发展。随着中、高收入人群向更广泛的郊区扩散,一些达到人口门槛的郊区开始出现商业中心,但此时郊区商业中心的服务内容和辐射半径很有限,大多数郊区居民还习惯于和中心商业区发生联系。

4) 市际和郊区铁路发展阶段(1900—1930年)——跳出中心区,城市形态扇形模式的强化以及串珠状郊区走廊的生长

铁路对城市空间形态的影响始于19世纪中叶。城市旧城中心边缘铁路的建设,导致了工业活动的重新配置。许多大型钢铁厂、冶炼厂、堆料场等大运量企业沿新建的铁路迅速集聚,并逐渐形成新的工业核心区。

对大多数城市居民而言，铁路的较大影响是带来了城市的电气化。电力运输车作为创新技术，进一步减少了旅行时间和旅行费用，城市更大范围内的空间可达性提高。沿着主要铁路线，距离城市更远的郊区走廊迅速生长，按照收入水平高低排列的典型的串珠状，居住地分布模式开始形成。城区和郊区铁路的建设拓展并强化了城市的扇形模式。

5）汽车阶段（1930年至今）——郊区化的加速与围绕中心区同心环状结构的再次重建

对城市空间形态冲击最大、影响最深的交通技术创新，莫过于汽车的出现和使用。20世纪20年代，汽车以其无与伦比的灵活性、方便性和舒适性获得人们的青睐，随汽车数量的剧增，公路建设飞速发展。第二次世界大战前，放射状公路已贯穿、超越老城范围，到达郊区铁路延伸线以外的非城市化区域，别墅式的低密度居住区开始广泛分布于新的城郊区域，郊区发展速度明显快于城市中心地区。

第二次世界大战后，城市发展速度加快，越来越多的中、高收入者开始向郊区迁移以寻求更舒适的生活环境。市郊别墅式住房需求的增长，导致郊区占用空间的增加，主要公路干线间隙区域不断地被新修的街道和公路所填充。越来越多的居住区因家庭收入水平而分化，城市社会阶层分异更加明晰，一系列围绕中心区的同心居住环得以重建。

6）高速公路与环形路快速发展时期（1950年至今）——与中心区并存的多核心模式的呈现

20世纪50年代以来，是高速公路和环形路快速发展时期，高速公路增强了更远的城郊的空间可达性。城郊居民区以蛙跳形式频繁跨越不太令人满意的城市化区域，众多孤立的，特别是靠近水体或丘陵森林地区的居住核迅速形成，围绕着居住核，更多的大型区域性购物中心出现。

环形高速路修建最初是为大都市过境车流提供通道，但它们在很短时间内却占据了市际交通主干道的重要地位。到20世纪80年代，这些环路显著加强了大都市郊外社区的空间可达性，在环线和出城主干道沿线及其交叉点上，一批新核心迅速成长，吸引了大量新的城市活动（数据处理、研究和开发公司，区域性购物商场，医院，剧场，饭店，零售商店）分布于此，由快速路引发的城市多核心模式开始出现。

2.1.2 案例分析:常州交通技术的创新与城市空间形态的演化

基于上述国外研究理论,以常州为实证,对我国交通对空间形态的影响进行进一步分析。

1) 水运、步行及原始的人行路网引导常州中心区团状集聚

中国古代城市大多依河而建,城市形态多受便利发达的水陆交通的影响,距今2 500多年前的战国时代,楚国春申君在现常州市区的二中附近建土城,开始了常州古城的建城史。常州城以护城河、城墙为界,与城外有着严格的区分。水运和步行成为常州市的主要交通出行方式。狭窄的无规则的自发式的原始人行路网,导致城市用地高密度集中,经济活动密集成团,城市内部空间格局呈现出独特的"城河相依、河移城扩"的单核单中心的团状空间结构(图2.2)。此外,常州又拥有江河之便,同周边省市之间可以通过便宜、便捷的水运联系,所以城市外围主要沿京杭运河及其他通航河道发展。

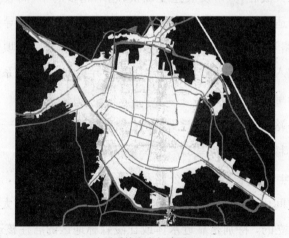

水运系统和人行路网
图2.2 水运、步行引导下中心区团状形态

2) 铁路和水运运输引导常州中心区向定心纺锤形轴向发展

进入20世纪80年代,伴随着铁路的建设发展,铁路的引导作用越发显著。铁路客运量占全市客运量的比例均超过10%,铁路成为城市重要的交通方式之一,与运河一起形成了城市的两条拓展轴[39]。受东西向京杭运河、沪宁铁路限制影响,城市中心区在两者夹缝的空间内线状延伸,呈东西带状纺锤形发展(图2.3)。

3) 公路运输以及"环形+放射"路网引导常州跳出中心区,向分散组团城市演化

20世纪90年代以后,伴随着高速公路及城市"环形+放射"干路网的建设,城市空间可达性提高,推动引导了城市空间大规模扩展。一方面各种经济活动对铁路依赖减弱,城市建设在填充满沿铁路、运河交夹的东西向线状用地空间之后,开始跨越运河与沪宁铁路,突破中心区向南北发展,形成外围组团,各组团通过放射状交通干线联系,各自相对独立发展,城市空间格局演化成分散组团式城市(图 2.4)。

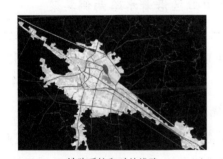

铁路系统和对外线路

图 2.3　铁路和水运引导下中心区纺锤形城市形态

高速公路系统和城市主干道

图 2.4　公路及干道引导下中心区分散组团城市形态

2.2　交通系统建设对中心区用地功能演变的影响

2.2.1　基本原理

交通条件的改善会引起中心区可达性的变化,改变土地区位,从而刺激中心区多方面的更新调整。宏观上,将促进中心区空间形态的改变,其机理前文已述;中观上,将刺激交通辐射用地的重构及开发。但这种重构开发,由于土地利用性质的差异性,使交通对工业用地、居住用地和商业用地等主要类型用地的影响作用及程度也不尽相同,阐述如下。

2.2.2 案例分析：常州中心区交通系统建设与用地功能演化

2.2.2.1 交通系统对工业用地布局演化的影响

交通条件是工业用地布局的重要因素，而且在不同的时期引导工业发展的交通方式也会发生变化，其总趋势是沿着对外交通可达性较好的区域集聚，以便于物流的集散。其与中心区的关系，在"退二进三"的产业调整下，也逐渐向中心区外围扩散。

因此，伴随着对外交通方式及条件的改变，工业用地布局呈现由早期的在老城中心区沿水运码头集聚—老城内铁路站点集聚—老城与外围组团联系的快速道路轴线扩展—城市边缘区高速公路出入口和港口周边集聚的规律。下文以常州为例说明（图2.5）[40]。

1) 步行时代，工业用地主要在老城中心区沿着水路两侧集聚

常州处于江南水网发达地带，尤其是京杭大运河给常州带来了极大的水运优势，20世纪80年以前的工业用地主要集中于京杭运河、南运河和北塘河的两侧发展，在中心区集聚。

2) 铁路运输引导工业用地主要围绕老城火车站集聚

随着交通的发展，水运优势逐渐被公路、铁路所取代，在1980—1989年，工业用地的选位逐渐集中于老城内的火车站以及铁路两侧，以便于物流通过铁路运输。

3) 放射状快速道路引导工业用地跳跃老城，轴向分布

1990—1995年，为了发展北部新城，常澄路等快速路开始延伸，工业开始沿着快速路向北部轴向发展，初步形成了临港工业小区。同时在原先的对外通道上，工业用地在不断增加。

4) 1995—2003年，高速公路和港口等对外交通引导工业用地向外围组团发展

随着沪宁高速公路的通车、常州港的开通，原先的铁路优势渐渐减弱。中心区内铁路两侧污染较大的工业用地不断进行置换，并向高速公路、常州港疏散形成沿江工业园区。

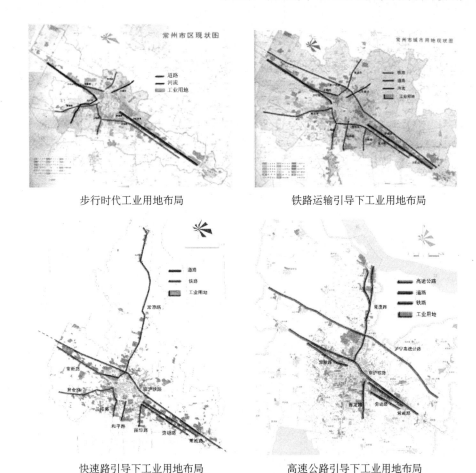

图 2.5 交通系统对工业用地布局的演化[40]

2.2.2.2 交通系统对居住用地布局演化的影响

交通条件的改善能够影响居住空间分布,表现在:① 交通因素通过影响土地价格而使住宅价格发生变化;② 交通因素改变居民的通勤成本(包括时间成本和货币成本)。这两个因素,恰是居民在选择居住地时博弈的两个重要方面。

一方面,中心区聚集着就业岗位以及居民所需要的商业、服务设施,而且交通通勤成本随着住宅离中心区距离的增加而增大,因而居民希望住在离中心区近的地方;另一方面,靠近中心区意味着付更高的土地租金,居民在追求个人效用最大的过程中将从中心区向外迁移,并寻找到一个使边际土地成本和边际通勤成本相平衡的最佳区位[41](图 2.6)。在实际生活中,居民对于居住区位的选择落实到空间上,就是城市居住空间分布。

纵观历史,城市交通系统与居住区的互动关系在遵从上述规律下,推动了居住区用地整体布局的形成与发展,本节以常州住宅为例,说明交通对居住用地布局的影响与作用,见图2.7[40]。

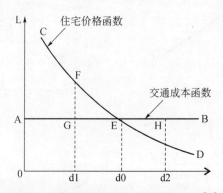

图2.6 交通成本对居住区位选择影响[42]

图2.7 交通系统对居住用地布局的演化[40]

1) 步行时代,居住用地集中在老城中心区,与工作地靠近

步行时期,由于步行适宜距离一般不超过2 km的限制,常州的居住用地集中在老城中心区,并靠近京杭运河、南运河和北塘河沿线的工业地发展。

2) 放射状快速道路引导居住用地沿交通线集聚,工作与居住地逐渐分离

随着城市交通系统的进一步完善,城市交通干线主体路网建成,在住宅房地产开发迅速发展阶段,众多居住区不再拘泥于中心区,而是沿着交通干线集中分布于两旁,如常新路、常金路、兰陵路、常戚路和常澄路等,形成带状分布的格局。工作地与居住地逐渐分离。常州的居住区除了集中于中心城区外,还主要沿着城市对外交通干道分布。

3) 高速公路引导居住地向远郊扩散,住宅以低层低密度大规模蔓延

随着沪宁高速公路的通车,居住地向远郊扩散,低密度大规模住宅呈散点状分布在高速公路各出入口。

4) BRT、轨道交通的出现再次引导居住区串珠状的重分布

2005年,常州BRT投入运营,居住区呈现出围绕BRT站点组团状的开发模式。选择TOD(公共交通导向型)模式,围绕站点建设大型居住、就业和商业区,一方面可疏散老城中心区人口,从而形成串珠状的居住走廊和城镇发展带,避免城市的无序蔓延,另一方面为老城中心区更新提供了活力,盘活了中心区土地资源,提高了居住质量。

2.2.2.3 交通系统对商业用地布局演化的影响

交通条件是工业用地布局的重要因素,在不同的时期引导工业发展的交通方式也会发生变化,以便于物流的集散。

不同于工业、居住用地,吸引商业用地布局的主要因素是公共交通条件,这是由商业区需要更多的客流决定的。一般具有最优公共交通可达性的城市市中心和交通枢纽地区是商业用地布局的首选之地。良好的公交可达性有利于商业区的稳定发展,就不同的商业区而言,交通条件越好,服务对象数量越多,空间吸引范围越大,该商业区发展规模也就越大。同时城市商业区吸引人流物流增多,进一步要求改善公共交通条件,商业功能与交通功能相互促进共同推动商业区的良性发展,是影响整个商业用地布局的重要因素。

因此,伴随着公共交通方式及条件的改变,商业用地布局呈现早期在老城聚集形成核心区—对外交通道路沿线社区副中心—轨道(或BRT)引导的城市次中心—TOD导向的老城商业中心再强化,见图2.8[40]。

1) 步行时代，商业用地靠近居住区，在老城聚集形成商业中心区

步行时期，由于常州的居住用地集中在老城，商业用地为了满足服务居民，靠近居住区，在老城靠近运河的南大街形成了传统的核心商业街。

2) 主干道路引导商业用地沿干道延伸，形成社区服务中心

商业网点的演变规律与居住区的演变规律有些相似，早期如1981年的时候，商业网点也逐渐延伸到城市主要干道的重要节点附近，开始形成一些服务于周边居住区的社区服务中心。

3) BRT引导商业用地在站点周围集聚，形成城市次中心

随着BRT等大运量公共交通建设，拉动城市空间结构向组团式转变。这种转变是常规以小汽车为导向的道路交通无法带来的。在站点周围，商业用地集聚开发，形成具有与中心城区互补和竞争的多个次中心的现代化网络城市结构。次中心的形成促进了中心城区城市功能的有机疏散，为新城市功能的更新集中提供了空间载体。

4) TOD开发以及中心区密集的公交线路强化老城中心进一步集聚

在常州传统商业中心南大街附近，道路网密度大于 6 km/km^2，使经由公交车线路密集度大于 46 km/km^2，加之BRT公交站点的覆盖，公共交通可达性十分优越，也促进中心区传统商业在南大街逐渐更新发展，形成了由沿街商业向南大街—西瀛里综合商业区的转变；新的城市功能，如商务、金融、咨询、信息、旅游等高端生产型服务业在文化宫广场地区积聚。

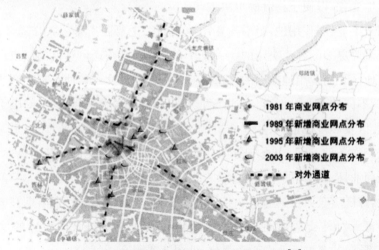

图 2.8　交通系统对商业用地布局的演化[40]

2.3 交通结构演化对中心区用地强度的支撑

2.3.1 基本原理

第二次世界大战后,西方国家一些大城市中心地区的人口和工业在高速公路建设的驱动下出现了向郊区迁移的趋势,使原来的中心区开始衰弱。面对这种整体性的城市问题,各国纷纷兴起了一场提升步行环境、构建公交走廊等以"城市复兴"为代表的旧城更新运动。

与国外城市中心区的"扩散—衰退—复兴"的发展历程不同,我国高速的城市化进程、高度的社会经济集聚效应使得旧城中心区的中心职能一直在强化[43]。据统计,南京从20世纪90年代至21世纪初近十年间老城实际居住人口增长了近20万人,人口密度增长至3.04万/km^2。而在常州,城市中心区的增长表现出城市空间的集聚效应,中心区面积从1980年的4.18 km^{2}发展至2010年的9.23 km^2,增加近1倍,人口承载强度、土地物质承载强度、经济承载强度都在不断强化,在此诱导效应和聚集效应的作用下,促进了中心城区持续性的交通需求。

同时,中心区迎来了交通结构从慢行交通向以公交主导的多模式方向转化的契机。在机动车保有量增长迅速下,仅通过有限的增加中心区道路容量难以满足城市交通需求。因此,只有将交通结构从慢行交通向多模式方向整合,建立以公共交通、自行车为主,其他交通方式为辅的城市交通体系,才能支撑用地强度的强化,保障中心区的良性运转。

2.3.2 案例分析:常州中心区交通结构与用地强度演化

2.3.2.1 中心区交通结构演化特征

1) 中心区机动化交通需求强度逐渐强化

进入20世纪90年代,产业结构调整升级换代更加迅速,带来更大更多的交通需求。随着中心区人口承载强度的加大,产业结构升级带来的土地利用物质承载强度增加以及GDP经济水平大幅提高,常州市机动车增长进入突飞猛进的重要时

期,居民的机动化交通需求成倍增加:

统计表明[44],1990年常州市机动车总数不足3万辆,1994年全市机动车刚刚突破10万辆,机动化水平还很低,相应的城市居民出行机动化程度尚不足10%;发展至2001年,全市各类机动车拥有量已达到51.1万辆左右,增长了5倍,同时城市居民出行机动化比例也达到40%,城市的机动化发展水平日新月异,也使得中心区交通系统的高强度交通需求、高交通密度特征进一步强化(图2.9)。

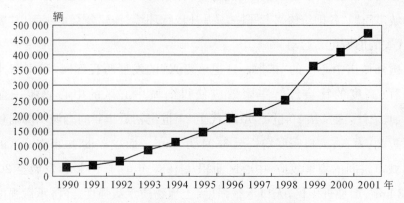

图2.9　常州市全市机动车拥有量发展图

2) 交通方式由独立慢行交通转向私人交通与公共交通的多模式整合

居民主导出行方式逐渐多样化,交通结构呈现由原始的步行、自行车等慢行交通方式转变为私人交通与公共交通相结合的特点。

从20世纪80年代开始,中心区土地利用强度较低,慢行交通成为人们的主导方式;1986年步行比例较高,占38.24%,步行与自行车合计比例达90.76%,公交以外的机动车出行比例极低;随着居民收入的增加,生活水平提高,有足够经济实力的居民开始选择摩托车作为交通工具,1994年,摩托车比例达到5.27%,同期步行与公交比例下降;至2001年,摩托车、助力车比例急剧上升,达27.90%,步行、自行车比例下降,公交比例回升;2010年,小汽车以17%的比例,成为居民交通出行的一种重要机动车交通工具,同时伴随着BRT的建设,公交出行也逐渐受到人们的欢迎。这样就形成了当代高强度土地利用下,私人交通与公共交通相结合的交通结构(表2.1)。

表 2.1　各历史发展阶段居民出行交通结构构成[45]（%）

年份	步行	自行车	摩托助力	公交	机动车	其他	合计
1986	38.25	52.52	—	6.25	—	2.99	100
1994	21.79	66.18	5.27	2.36	2.16	2.24	100
2001	17.00	41.42	27.90	6.50	6.25	0.93	100
2010	23.3	36.3	8.5	14.6	17	0.2	100

2.3.2.2　城市土地利用强度变化特征

1）人口承载强度持续增加，人口高密度集中

1980—1990 年间，随着城市化进程的加速，人口急剧向城市集聚，城市中心化特征十分显著。1990 年中心区人口增至 12.16 万，比 1980 增加了 3.2 万。1990—2008 年，随着总人口集聚增加，城市人口高密度以年均 2.59% 的速度集中于中心区，到 2008 年，中心区平均人口密度在 1.7 万人/km²，局部地区如天宁街可达 3.9 万人/km²，呈现出显著的高人口密度特征。

2）土地物质承载程度强度不断上升，土地利用高密度集中开发

选择 1995 年、2001 年、2006 年三个时段的用地现状图进行分析，中心区用地扩展速度较为缓慢，用地紧张。因此中心区在其历次更新过程中，将低密度的工业和仓储用地置换出中心区范围，使工业用地比例由 14% 左右减少到 5% 左右；而置换腾出的中心区用地用来发展居住和商业用地。商业用地比例大幅提高，由 4% 提高到 9%；居住用地先降后升总体有小幅下降，表现出土地利用高密度开发的显著特征[36]（图 2.10）。

1995年中心区用地性质现状图

2001年中心区用地性质现状图

2006年中心区用地性质现状图

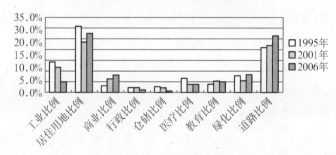

图 2.10 常州市中心区历年土地利用现状图及分析（参见书末彩图）

3) 城市土地经济利用高强度

城市土地 GDP 产出率指标不断增强。2001 年,常州市国民经济继续保持健康、快速发展,社会生产力水平进一步提高:全市 GDP672.9 亿元,人均 19 740 元,年增长率 12%。常州"十五"计划提出:到 2005 年全市 GDP 力争达到 1 000 亿元,年均增长 11% 左右,人均 GDP 达到 2.9 万元以上,到 2010 年,人均 GDP 达到 4 万元以上,人民群众过上富裕生活。土地经济产出率飙升,一方面说明常州经济的高速度增长,另一方面也说明土地经济利用强度不断增强,城市土地经济利用呈现高强度特征(图 2.11)。

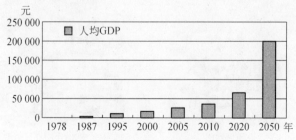

图 2.11 常州市人均 GDP 发展展望

2.4 本章小结

从历史到现状,本书拟以常州老城中心区为典型案例,通过分析提取各时期阶段中心城区的空间形态、用地功能以及规划强度变化,结合不同时期的交通技术创新、交通系统建设、交通结构演化,总结综合交通体系对中心区城市空间影响的历史演变规律,以探寻交通体系对城市空间存在影响的要素及影响程度。

交通技术创新对空间形态影响方面:本书首先通过交通工具,从步行、马车时代—电车时代—铁路阶段—汽车阶段—高速公路时代等一系列从体力到机动化的技术创新,分析其对城市空间形态依次由紧凑团状—扇形—串珠走廊—同心环状—多核心的演化作用,并以常州中心区交通技术与形态演化的关联性为案例进一步说明。

在交通对工业用地、居住用地和商业用地等用地功能演化的影响方面:从工业用地来看,伴随着对外交通方式及条件的改变,工业用地布局呈现由早期的在老城中心区沿水运码头集聚—老城内铁路站点集聚—老城与外围组团联系的快速道路轴线扩展—城市边缘区高速公路出入口和港口周边集聚的规律;从居住用地来看,居住用地呈现由步行时代集中在老城中心区,与工作地靠近—放射状快速道路沿线的居住用地集聚,职住分离—高速公路引导下居住地远郊扩散蔓延—BRT、轨道交通引导下居住区串珠状的重分布;而商业用地布局呈现早期在老城聚集形成核心区—对外交通道路沿线社区副中心—轨道(或BRT)引导的城市次中心—TOD导向的老城商业中心再强化。

在交通结构演化对中心区用地强度支撑方面:本书首先分析常州中心区机动化交通需求强度逐渐增加,且交通结构正由独立慢行交通向以公交主导的多模式方向转化。在此基础上,对常州中心区的人口承载强度、土地承载强度不断的变化特征进行了分析。从而表明交通结构从慢行交通向以公交为主导的多模式方向转化对用地强度不断增加的支撑作用。

第三章 交通对中心区空间的主动式引导机制

良好的交通体系可提高中心区可达性,引导传统城市中心区的空间进行全面更新和发展,本书拟从宏观到微观,结合"多层级量化"方法,在中心区对外、中心区本体两个层级,通过度量对外交通可达性对区位优势度影响、综合交通对用地空间布局作用、街区尺度与出行效率作用机制、合理交通需求对用地强度作用,从理论上阐述综合交通对中心区空间发展的主动式引导机制及其规律。

3.1 对外交通可达性对中心区区位影响

3.1.1 基础概念

3.1.1.1 交通可达性及其度量

自1959年汉森(Hansen,1959)[46]首次提出可达性(accessibility)的概念以来,可达性引起了许多学者的重视,不少人对其进行了研究、评价和界定。但到目前为止,还没有一个统一的精确定义。汉森将可达性定义为交通网络中各节点相互作用的机会的大小。总体上,人们较为一致的看法是,交通可达性就是指利用一种特定的交通系统从某一给定区位到达活动地点的便利程度。显然,可达性首先包含空间的概念,它反映空间节点或区位之间的空间尺度和疏密关系。其次,可达性包含时间的概念,即空间区位之间的距离可以由交通系统来克服,而交通所消耗的时间反映了不同区位之间可通达的便利程度。再次,可达性反映了交通节约的经济价值,可达性水平越高,区位的经济价值越明显,吸引力也越大。通常情况下,人们对交通可达性的评价有以下几种方法:即交通时间评价法、交通成本加权平均值法、机会可达性法、潜能模型法、收益法等[47][48][49]。本书采用以下方法来衡量和评价中心区对外交通可达性的水平:即从某一区位到达中心区活动地点的时间长度,与交通设施的容量、速度以及人口密度等有关。

于是城市中心 j 的可达性 A_j 为：

$$A_j = \sum_{i=1}^{n} \frac{T_{ij}}{d_{ij}^{\beta}} \qquad (3.1)$$

其中 T_{ij} 为中心区 j 对地区 i 的吸引力大小，它由地区 i 自身的需求和中心 j 所能提供的吸引组成，d_{ij} 是 i 和 j 之间的到达阻尼，β 是修正参数，在早期 Hansen 等的研究中取值为 $2^{[46]}$。

3.1.1.2 区位理论

国外在区位理论方面的研究颇丰。冯·杜能、韦伯、克里斯塔勒和廖什在这一领域做出了开创性的贡献。他们的研究主要基于经济法则，探讨理想市场模式下的经济活动区位特征及其效果，并发展了一系列区位理论。杜能(Thunen,1826)在农业区位论中从运费支出最少、利润最大化出发，考察了距离城市远近与农业耕作方式的关系，构建了以中心城市为核心的同心圆农业圈，阐明了交通系统对农业土地利用区位的重要作用，是影响农业土地利用的重要因子。韦伯(weber,1909)的工业区位论认为运费、工资和集聚是影响生产费用的主要区位因素，其中运费起着决定性作用，工资引起运费定位产生第一次"偏离"，集聚作用又使运费、工资定位产生第二次"偏离"，即最佳理想工业区位和企业厂址的选择就是在运费、工资和集聚三者关系中选择生产费用最低的区位。韦伯的理论说明了交通系统在工业区位选择中有重要作用。克里斯塔勒(Chrisatller,1933)和廖什(Losch,1940)在市场区位论中认为市场区及中心地体系的形成受不同原则和条件的支配，中心地和市场区大小的等级和顺序按照所谓的 K 值排列成有规则的、严密的中心地网络系列。他们探讨了商业中心分布、居住、工作岗位、服务与交通系统之间的相互关系，认为交通系统是影响市场区和中心地体系形成的一个重要影响因素。由此可以看出，区位与交通，作为城市空间结构的两个组成部分，应该是相互影响，互相依存的。

3.1.2 对外交通与区位分布的关系

区位作为城市土地的一个重要特性，与城市交通紧密联系。克里斯塔勒提出的"城市区位论"认为，城市具有六边形结构单元特征，中心地位于六边形的中央，任何一个中心地都有大致确定的经济距离和能达到的范围,承担着向外围区域提供商品和服务的职能。就某个具体的中心地而言,人类经济活动的地理单元无论小到何种程度,它总是处于不均衡状态,在空间分布上永远存在着中心地和外围区的差异。而这种差异最重要的原因就在于对外交通条件的影响。中心区城市区位和对外交通的关系可以从以下两个方面考虑:

(1) 区位优势存在着从城市中心区向外围区递减的趋势。中心区具有最大的区位优势和明显的聚集效益。中心区的建筑密度最大,公共设施种类也最多,到中心区消费具有极高的"心理"附加值,因此成为城市活动最活跃的区域。相应的,对交通的要求也很高,频繁的社会活动带来大量的交通需求。交通系统的压力也会大增。而外围区对人口、经济的集聚效益则随着与中心地的距离增大而不断减弱(距离衰减规律),发展机遇相应减少,发展速度缓慢,人们的活动种类和数量也相应减少,交通的压力也会减少。

(2) 交通线路的建设和运营对沿线地区最重要的作用是提高沿线各个区域的可达性,加速其经济要素的流动,使其经济地理位置得到改善,从而改变区域或地点的区位优势,改变整个区域的用地结构,促进区域发展。

如一条新路的兴建,将会减少居民的出行时间,或者影响交通工具的选择,同时也鼓励人们改变出行目的地(尤其是购物与娱乐活动)。交通系统的改变会影响到人们对生活、工作地点的选择,也使人们重新考虑工厂、住宅区以及商业设施的选址,从而导致土地利用的改变,促进不同功能在城市中心区进行集聚或者扩散。

集聚效应和交通可达性之间存在着一定的联系。在城市不断向中心区域集聚的阶段,随着交通基础设施的改善,交通可达性的不断增加,城市集聚效应上升,城市逐渐向中心区域集聚。而当城市中心集聚到一定规模时,区域土地租金逐渐上升,阻碍城市继续向中心集聚的因素出现。即使交通可达性继续增加,城市集聚效应却呈现下降,向边缘区扩展趋势。

3.1.3 对外交通可达性对区位优势度的影响

3.1.3.1 区位优势度

根据区位分布规律,交通分区区位优势主要与交通分区与繁华中心的贴近度和自身的繁华程度有关,其中"贴近度"可以反映出区位优势从中心区向城市外围递减的趋势;"繁华程度"则反映了小区的相对集聚程度与区位优势分布的非均衡性。也就是说,区位优势度一定程度上反映了区位与交通的相关关系[51]。

3.1.3.2 区位优势度与交通的关系

1975年,一项通过对用于基础设施的公共投资对波士顿、丹佛、哥伦比亚、华盛顿大都市区的发展情况产生的影响研究发现,公共基础设施对土地开发利用的区位、类型、数量的多少产生很大的影响[50]。城市交通系统,作为公共基础设施的一种,其建设投资力度对城市土地利用的影响更为明显。从图3.1的区位优势度增长模型[51]可以看出:

区位优势的增长就是交通基础设施投资和城市经营投资的间接结果。区位优势度的增长,相当大程度上取决于交通基础设施投资的大小,需要以交通可达性的提高为基础。另一方面,也可以说,区位优势的提高很大程度上是由交通可达因子带来的,区位优势度较大的区域,需要的交通可达性越高,相应需要的交通投资越多。

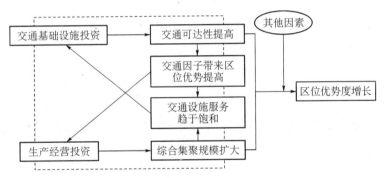

图 3.1　促进区位优势度增长要素及模型[51]

区位优势度的度量指标

一般说来,土地可达性越好,集聚程度越高,产生的交通吸引力也就越大。根据克里斯塔勒的中心地理论,中心地级别越高,为低级中心提供的商品和服务也就越多,吸引的交通量也越多。在区位优势度的度量中,选用了可达性和聚集性这两个重要因子。

(1) 可达性因子

如前所述,可达性是根据交通距离、时间、费用等来衡量不同地区的居民到达中心区便捷的指标。本书选用时间来衡量外部各组团到达中心区的方便程度。

(2) 聚集因子

聚集经济可分为两类:一类是生产经济,是由企业间在地理位置上接近所导致的相关互联活动而产生的。这些关联活动(如中间商品的运输、信息流或生产活动的协作)减少了生产费用,提高了生产效率和经济效益。另一类是购物经济,是顾客在一次出行中可完成多次出行目的而产生的,它对交通产生的贡献在于能使一次出行实现多种消费目的,增加了消费选择,提高了出行活动的综合效用,从而产生了额外的出行吸引。因此聚集经济因子反映了土地利用(主要是服务性设施)本身所处的服务中心的等级和档次。聚集经济程度越高额外吸引交通越多。

3.1.3.3 区位优势度的计算

根据上文提到的两个重要的度量指标,利用以下函数[51]来确定区位优势度。

$$LP=ko^r A^\alpha q^\beta \tag{3.2}$$

式中:LP 为区位优势度;k 为比例系数;o 为其他因素;r 为其他因素对区位优势度增长贡献的弹性系数;A 为交通可达性;α 为交通可达性因子对区位优势度增长贡献的弹性系数;q 为聚集规模因子;β 为综合聚集规模因子对区位优势度增长贡献的弹性系数,反映集聚效应和比邻效应。

3.2 综合交通系统对中心区用地空间布局的影响

城市空间是城市的经济、社会、文化、历史以及各种活动的载体,通常包括建筑物的内外空间,也包括地面、地上和地下空间(宛素春等,2004)[52]。它具有多种属性,如物质属性、社会属性、生态属性、认知与感知属性等。而布局反映的是一种分布状态。本书主要关注物质要素在城市范围内的空间分布,不涉及建筑物的内部空间,因此,这里所说的空间布局主要是指不同性质的城市土地使用在城市空间上的分布状况。

交通系统建设对城市空间布局的影响,主要是通过影响土地区位,运用价格杠杆影响居民和企业的选址行为而实现的。交通系统的建设会引起多个可能的结果,如提高相应区位的土地价值和吸引力、降低相应区位的交通成本、促进城市空间的重构等。

3.2.1 土地地租竞争理论

3.2.1.1 级差地租

土地是人类不可再生的自然资源,它的数量不会因为人们的使用而减少,也不会因为人们的保护而增多,但土地的使用性质、功能不同,土地所在的地理区位不同,就会有不同的边际产出,即土地的地租不同。威廉·阿朗索(William Alonso,1960)[53]正式出版的《区位与土地利用》一书,提出了城市土地价值理论,从土地区位和租金的角度论述了城市交通系统与土地价格之间的密切联系。他认为城市土地价格取决于租金,租金取决于土地区位,区位取决于土地可达性,也就是说城市地价取决于可达性。土地的可达性与城市交通系统密切相关,城市地价将随着它到城市中心的交通运费增加而下降,最高地价将产生于城市中心可达性最高的地块(图3.2)。

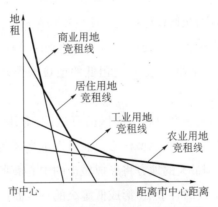

图 3.2 城市不同区位用地竞租线[53]

基于以上分析,土地的区位及其使用功能是土地地租的主要决定因素,按照微观经济学地租理论中绝对地租与级差地租概念,在此将地租的构成分为固定地租与可变地租:

(1) 固定地租体现了土地使用功能性质影响因素,由土地的使用性质、功能决定,反映了不同性质、功能用地对地租高低的承受力度差异,如商业用地承受力度大于居住、工业用地等。

(2) 可变地租体现了地块区位影响因素,由土地的物理区位和交通区位组成。物理区位指土地的自然地理区位(忽略自然景观影响),反映某一特定位置的地块与其他地块空间联系的紧密程度,是一种"自然区位";交通区位反映地块交通设施服务水平,是一种"人造区位"。物理区位和交通区位的共同效果可用可达性表征,反映了由先天自然地理位置和后天交通建设共同作用下地块之间联系的便捷程度,而可达性的提高主要体现为货币和时间节约的经济价值。

3.2.1.2 居住用地的选择

对城市居民来说,离市中心越近,交通成本越低,但住房(土地)成本较高;远离市中心居住,则意味着交通成本的提高和住房成本的降低。追求效用最大化的城市居民,在交通成本降低时,将会选择远离市中心去享受更大的居住空间,直到远离市中心带来的边际土地成本的节约等于边际交通成本的增加为止,最后的居住区布局是两者平衡作用下的产物。

3.2.1.3 商业用地的选择

商业用地布局有以下两个特点:① 中心集聚性;② 具有等级结构。城市的商业中心将在可达性较好的交通设施附近产生,两者存在耦合作用。

当中心区在没有修建相应的交通线路或交通条件没有改善之前,可达性较低,地租差异不明显。居民、企业、商业对地租低的地块承受力差别不明显,所以团状聚集在中心区。

而当某条交通线路的建设改善中心区的可达性,则其沿线及相应区域的房产价格就会发生相应的变化,由于大型核心商业可以承受高地租,因此在城市通达性最好、吸引力和服务范围最大的地方将形成城市的中心商务区(CBD)。同时,一些中小型商业则在交通沿线的各节点,形成低等级的分区商业中心。

3.2.1.4 产业用地的选择

企业选址与家庭的选址类似,只是企业追求的是利润的最大化。受交通可达性影响的,一些低附加值的企业选址难以承受高昂地租,迁移远离中心区,并追求集聚效应,向靠近利于物流运输的对外交通沿线或出入口的产业园区集中。

而附加值高,以科研生产服务的企业,其承受地租的能力较强,可在中心区内保留及发展,并促进产业结构的升级,形成生产性服务中心。

3.2.2 交通对中心区用地区位熵的影响

土地使用是城市社会经济活动的空间载体,而城市交通道路的布局对土地使用具有重大影响,因此,研究土地使用的空间结构与城市道路交通系统的相关机制具有重大意义。本书拟用常州中心区2009年土地使用现状数据,以交通系统建设各要素为自变量,转型期内的居住用地、商业用地和工业用地的区位熵为应变量,运用多元线性回归模型,计算各交通因子对城市用地布局的影响系数,揭示各种交通对城市用地影响的强弱程度。

3.2.2.1　影响度相关性分析方法

1) 指标计算

区位熵[54]是用来衡量某一区域要素的空间分布指标,反映了某一区域要素在高层次区域的地位和作用。因此,选用区位熵来衡量在某一地块内集中的某一类用地在整个研究范围内的地位和作用。公式如下:

$$I_{ki} = \frac{\dfrac{A_{ki}}{\sum\limits_{k,i} A_{ki}}}{\dfrac{A_i}{\sum\limits_{i} A_i}} \tag{3.3}$$

式中:I_{ki}为单元地块i中的k类用地的权重指数;i为单元地块$(i=1,2,\cdots,n)$;k为指所研究的城市用地性质种类$(k=1,2,3)$,即居住用地、商业用地、工业用地等;A_{ki}为单元地块i中的k类用地面积;A_i为单元地块i总面积。

区位熵为非负值,$A_{ki} \geqslant 1$,说明该地块内的某一用地的地位或作用超过平均水平。区位熵值越大,说明地位和作用越高。

各等级道路路网密度是衡量城市道路供给的重要指标,选用主干路、次干路、支路密度来衡量某一地块内道路设施的供给水平,公式如下:

$$\lambda_{ji} = \frac{L_{ji}}{A_i} \tag{3.4}$$

式中:λ_{ji}为单元地块i中的j等级道路密度;L_{ji}为单元地块i中的j等级道路长度。

BRT公交站点覆盖率是衡量中、大运量公共交通服务水平的重要指标,选用300 m为半径来衡量某一地块内道路设施的供给水平,公式如下:

$$\sigma_i = \frac{S_i}{A_i} \tag{3.5}$$

式中：S_i 为 BRT 站点 300 m 半径范围内覆盖单元地块 i 的面积。

城际铁路的建设，将会对沿线站场地区周围的空间发展带来触媒作用，并引发该地区新的发展和转型。以城铁旅客步行所忍受的出行时间 9.72 min 和承担的出行距离 600 m 为半径，可划分受城铁影响的地块。

2）多元线性回归模型

参照城市交通规划中所常用的划分若干个交通小区的方法，对现状研究范围内地块进行划分。运用 GIS 软件包 Trans CAD，将面状的土地使用与交通小区进行空间重叠，即可采集到每个划分地块格网的完整数据信息(图 3.3)，使得每个格网具有空间区位熵以及主干路、次干路、支路密度、BRT 公交站点覆盖率以及城铁辐射率等方面的属性。

采用多元线性回归模型来拟合和校准每个格网状态变化与一系列属性变量之间的函数关系。对影响城市用地变化的主要交通因子进行回归计算，获得不同交通因子对城市土地利用影响的大小。具体数学表达式如下：

$$Y = \alpha + \beta_1 x_1 + \beta_2 x_2 + \cdots + \beta_m x_m \tag{3.6}$$

式中：Y 表示土地利用状况，本书选用区位熵；x_1, x_2, x_3, x_4, x_5 分别表示主干路、次干路、支路密度，BRT 公交站点覆盖率以及城铁辐射率；参数 α 为常数，与参数 β_1，$\beta_2, \beta_3, \beta_4, \beta_5$ 同为待求的回归系数。

将各交通因子的相关回归系数，除以绝对值最大值，可获得主干路、次干路、支路、BRT、城际铁路等交通因子对各用地区位的影响系数，如公式(3.7)所示。

$$\theta_m = \frac{\beta_m}{\max |\beta_m|} \tag{3.7}$$

式中：β_m 为第 m 个交通因子与区位熵的回归系数；θ_m 为第 m 个交通因子对区位熵的影响系数。

运用社会科学统计软件包(Statistical Package for the Social Science，简称 SPSS)进行回归分析，对结果进行自变量的多重共线性诊断、自变量的显著性检验、模型参数的检验及模型的拟合优度检验等校准，得到准确的自变量回归系数。

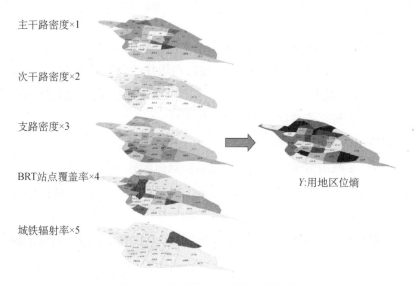

图 3.3　GIS 采集中心区各地块数据

3.2.2.2　数据采集

将研究范围扩大为整个旧城,现状旧城以居住用地为主,占据 45.01%,工业用地占 18.57%,且随着"退二进三",工业用地比例出现较大幅度减少。而公共设施用地有所增加,其中商业金融用地比例达 3.73%。现状用地如图 3.4 所示。

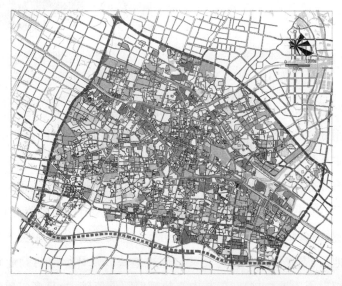

图 3.4　旧城及中心区用地现状图(参见书末彩图)

1）用地区位熵

在旧城内,以主要街道、铁路、水系等要素将旧城划分为172个地块,其中中心区44个地块,运用区位熵分析每个单元地块内居住、工业、商业、行政、医疗、教育等主要用地功能的聚集状况,由于居住用地、商业用地和工业用地是城市的主要生产生活活动,因此研究的对象集中于此三类土地。

(1) 居住用地区位熵分布

总体上看,常州旧城范围内居住用地基本呈面状分布,区位熵较高的区域主要围绕运河、关河并沿怀德路等几条主要干道向东北、西南延伸,旧城东侧及西北侧区位熵下降明显,形成由东北至西南的连续的居住带,居住用地的熵值在这个区域普遍较高,仅在中心区的核心位置有所下降,旧城居住用地表现出明显的圈层加扇形放射结构(图3.5)。

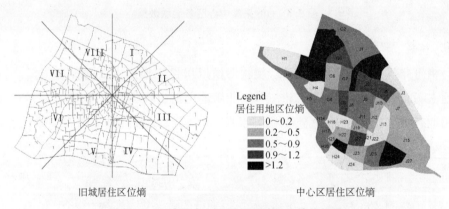

旧城居住区位熵　　　　　　　　中心区居住区位熵

图3.5　旧城及中心区居住用地区位熵分析图

(2) 商业用地区位熵

从商业用地现状区位熵分析,可以发现旧城商业用地呈现明显的中心聚集状,聚集的区域主要集中在由和平路、怀德路、关河路、劳动路围合的 5 km² 的范围内,这也与常州市商业网点布局规划中重点建设的中心商圈的范围一致。由具体的区位熵数值来看,中心区区位熵较高的地块主要沿南北大街和延陵路分布,这正是常州主要的商贸、商务集中区域;在中心区外围,从地块熵值分析,中吴大道与兰陵路交叉口周边地段、飞龙路与林竹路交叉口周边地块以及怀德路与勤业路交叉口周边地块熵值相对周边地块较高,但与中心的熵值间差值较大,且多以单独地块的商业开发为主,尚未形成一定规模的片区商业中心。

综上所述,可以定性地判断常州市旧城商业用地的空间分布态势的仍然以中心单核心为主,周边的片区级次中心发育不成熟,未形成分等级的多中心结构,商业活动仍然集中于中心区范围内(图3.6)。

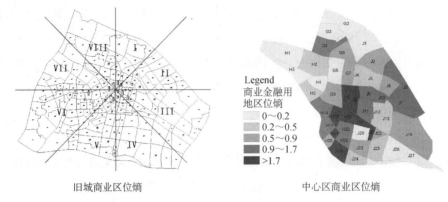

图3.6 旧城及中心区商业用地区位熵分析图

(3) 工业用地区位熵

从旧城现状的工业布局来看,其基本对应了常州制造业规划所提出的"三圈"的制造业布局规划,中心区内现状除西侧常州柴油机厂等少数工业用地外,工业已经基本完全迁出。在中心区以外的旧城范围内,工业熵值较高的区域主要集中在东南和西北两片,主要与新中国成立后工业沿运河集中布局有关,此外,工业还表现出较为明显的沿路分布的特征,尤其在怀德南路及劳动路周边地块,工业的区位熵较高,而这些地区同时也是居住用地熵值较高的区域,所以在这些区域工业与居住的混杂状况仍然较为严重(图3.7)。

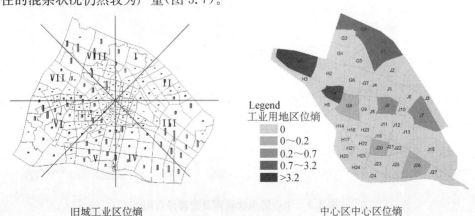

图3.7 旧城及中心区工业用地区位熵分析图

2）交通设施状况

（1）路网结构

现状中心分区路网结构不合理，主干道密度为 1.36 km/km², 次干道为 1.56 km/km², 支路为 2.56 km/km², 规范中主干道密度为 0.8～1.2 km/km², 次干道密度 1.2～1.4 km/km², 支路密度 3～4 km/km²。

现状分区支路网密度偏低；主干路、次干路、支路的比例为 1∶1.15∶1.88，这是一种缺乏集散性、分流性的路网结构，不利于道路交通流的有效组织和疏解，不利于公交线网的延伸和覆盖。路网交通流空间分布不均匀，交通流集聚在主干道上；一些人口密集的居住片区路网密度稀、道路标准低而无法开通公交线路。分区内交叉口渠化不足，限制了路网容量的提高；断头路和错位交叉多，路网不规整，导致交通流紊乱；支路网不成系统，影响了城市功能的发挥（图3.8）。

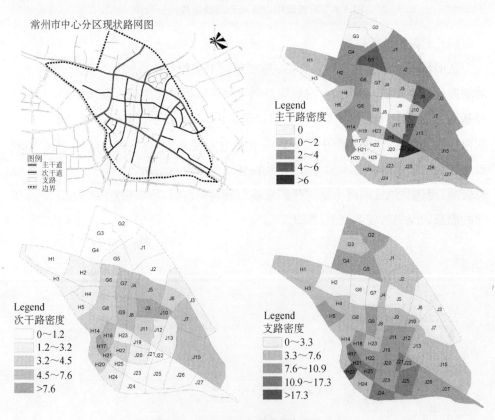

图 3.8　中心区现状路网及密度分布图

(2) 公交分析

中心分区 BRT 有 3 条线路,公交站点 300 m 半径覆盖率为 20.2%,在 BRT 公交站点盲区较多,主要是道路不通影响公交站点的覆盖率。

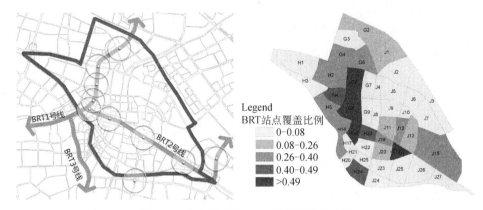

图 3.9 中心区现状 BRT 站点覆盖分布图

3.2.2.3 结果分析

1) 居住区与交通因子

中心区居住用地占地 310.96 hm²,占据中心区的 39.06%。以二类居住为主,三类、四类居住较少。规模较大、相对集中的居住用地为怡康、新天地、聚和、丽景小区,西新桥新村和金色新城小区。这些小区大多集中在 BRT 站点周围,具有宜人的居住氛围、完善的配套设施、良好的景观绿化。而三类、四类居住用地大都分布在中心分区边缘,如铁路沿线、京杭古运河西段沿线。关河、市河以内零星散布,多在地块内部,外有新建建筑遮挡,规模小、密度大。

表 3.1~表 3.3 阐述了交通因子对居住用地影响的相关模型。将各交通因子的相关回归系数,除以绝对值最大值,可获得主干路、次干路、支路、BRT、城际铁路等交通因子对中心城居住地选择的影响系数,如图 3.10 所示。

表 3.1 居住区位熵与交通因子模型相关性水平

Model 模型	R 复相关系数	R Square 拟合优度	Adjusted R Square 矫正拟合优度	Std. Error of the Estimate 标准误差的估计值
1	.476[a]	.227	.125	.40856

a. Predictors: (Constant), x_1, x_2, x_3, x_4, x_5

表 3.2　居住区位熵与交通因子相关性 F 及显著性检验值[b]

Model 模型		Sum of Squares 平方和	df 自由度	Mean Square 均方	F F检验统计量	Sig. 显著性水平(P值)
1	Regression	1.863	5	.373	2.232	.071[a]
	Residual	6.343	38	.167		
	Total	8.206	43			

a. Predictors：(Constant)，x_1, x_2, x_3, x_4, x_5

b. Dependent Variable：Y

表 3.3　居住区位熵与交通因子相关性回归系数[a]

Model 模型		Unstandardized Coefficients 偏回归系数		Standardized Coefficients 标准回归系数	t t检验	Sig. 显著性水平
		B	Std. Error 标准误差 (B的标准误差)	Beta		
1	(Constant)	1.075	.186		5.774	.000
	x_1—主干路密度	.001	.038	.005	.020	.984
	x_2—次干路密度	−.003	.023	−.019	−.120	.905
	x_3—支路密度	−.019	.014	−.211	−1.345	.187
	x_4—BRT 站点覆盖率	.804	.377	−.460	2.130	.040
	x_5—城际铁路辐射	−.473	.284	−.315	−1.667	.104

a. Dependent Variable：Y

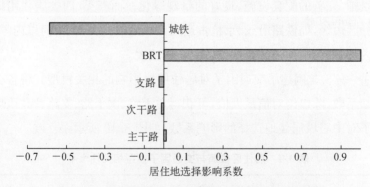

图 3.10　交通因子对中心城居住区选择的影响系数

结果清晰表明了 BRT 站点辐射率是影响居住用地选择的最重要的因素。它与居住用地的选择正相关,这是由于 BRT、轨道交通具有速度快、时间准、运量大和安全平稳的特点,不仅可以大大减少站点附近居民的通勤时间,而且围绕站点的居住服务配套设施也是方便居民的一个重要的影响因素。研究表明，BRT站点覆盖面积每增加10%，居住用地的区位熵将增加0.08。所以将BRT、轨道交通建设与居住空间规划结合起来，可以最大限度地发挥轨道交通疏解城市人口的作用。

与BRT相反，城际铁路辐射对居住区选择具有排斥作用，相关性分析表明，居住用地的选择与城际铁路负相关。这是由于铁路沿线噪声、污染等干扰较大，城铁辐射范围的面积每增加10%，居住用地的区位熵将减少0.04。因此，铁路沿线应尽量避免建设居住区，不得已时，需采用绿化带等手段隔离噪声。

在我们的研究中，路网密度对居住区选择影响系数较前两要素较小，因此，路网密度在决定居住选择时并不是一个关键因素。主干路密度增加，将会影响居住区位熵的微弱增加，而次干路、支路密度增加，则会减少居住区位熵，这可能是由于支路的划分，使地块过小，不能满足大规模居住区的选址需求。

2) 商业区与交通因子

中心区商业用地占地 $59.1\ hm^2$，占据中心区的 7.42%。随着经济发展，分区内的商业业态由单一业态向多种业态迅速发展，包括大型超市、超市、便利店、专卖店等。文化宫节点（有BRT）和南北大街等主干路节点集中了中心分区内的主要商业服务业用地，主要有购物中心、泰富广场、南大街商业步行街、新世纪商城、泰富百货、东方商厦。而火车站附近有太平洋百货、小东门小商品市场、百润发超市等规模较大的商场超市。分区内在北大街、化龙巷、晋陵中路、博爱路等次干路沿线形成以装饰灯具、家纺、餐饮、机电为主的专业特色一条街。

表3.4～表3.6阐述了交通因子对商业用地影响的相关模型。主干路、次干路、支路、BRT、城际铁路等交通因子对中心城商业区选择的影响系数，如图3.11所示。

表3.4 商业区位熵与交通因子模型相关性水平

Model 模型	R 复相关系数	R Square 拟合优度	Adjusted R Square 矫正拟合优度	Std. Error of the Estimate 标准误差的估计值
2	.549[a]	.301	.209	.93004

a. Predictors: (Constant), x_1, x_2, x_3, x_4, x_5

表3.5 商业区位熵与交通因子相关性F及显著性检验值[b]

Model 模型		Sum of Squares 平方和	df 自由度	Mean Square 均方	F F检验统计量	Sig. 显著性水平(P值)
2	Regression	14.179	5	2.836	3.278	.015[a]
	Residual	32.869	38	.865		
	Total	47.048	43			

a. Predictors: (Constant), x_1, x_2, x_3, x_4, x_5
b. Dependent Variable: Y

表3.6 商业区位熵与交通因子相关性回归系数[a]

Model 模型		Unstandardized Coefficients 偏回归系数		Standardized Coefficients 标准回归系数	t t检验	Sig. 显著性水平
		B	Std. Error 标准误差（B的标准误差）	Beta		
2	(Constant)	−.387	.424		−.913	.367
	x_1—主干路密度	.054	.086	.135	.631	.532
	x_2—次干路密度	.163	.052	.479	3.106	.004
	x_3—支路密度	.074	.032	.348	2.327	.025
	x_4—BRT站点覆盖率	.687	.859	.164	.800	.429
	x_5—城际铁路辐射	.201	.646	.056	.311	.757

a. Dependent Variable: Y

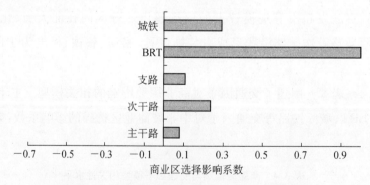

图3.11 交通因子对中心商业区选择的影响系数

结果显示商业用地的选择发展与体现机动车可达的路网密度、公交可达的BRT线路、对外交通可达的城际铁路均存在正相关的关系。其中快速公交BRT的站点辐射率是促进商业用地选择的最重要的因素。它与商业用地的选择正相关,该结论也与居住用地的选择相似。研究表明,BRT 站点覆盖面积每增加 10%,商业用地的区位熵将增加 0.06。所以将 BRT、轨道交通建设与商业空间规划结合起来,一方面解决城市商业区高强度开发所带来的常规交通难以满足的可达性需求,为商业中心带来充足的商业客流,提供有效的基础设施支撑;另一方面,大量的商业客流,也保证了较高的公交搭乘率,节约了快速公交的运营成本。

与 BRT 相似,城际铁路辐射对商业区选择具有吸引作用。这是由于城铁对城市的影响主要是引起大量人流、物流、商品流、资金流、信息流的汇集,形成了含第三方物流、仓储交易、货运代理、远程代购、邮政快递、交通包租、联合集票,以及与交通运输业有关的信息、金融、地产、贸易、制造、会展、教育培训等要素市场。研究表明,城铁辐射范围的面积每增加 10%,商业用地的区位熵将增加 0.02。因此,城铁覆盖范围应集中商务办公及其他零售、休闲娱乐等由商务功能衍生出来的配套功能。

在我们的研究中,路网密度对商业区选择也呈现正相关性。这是由于一方面路网密度提高,增加了交通供给,提高了商业区机动车交通的可达性,从而促进商业发展。另一方面,密集的路网可增加商业区的沿街面,划分出丰富而有活力的场所空间,适合于商业服务功能的培育。

3)工业区与交通因子

中心区工业用地占地 77.12 hm², 占据中心区的 9.69%。中心分区内工业用地大都在怀德北路主干路与铁路沿线。规模较大的工业企业包括:绝缘材料总厂、煤炭科学研究总院常州科研试制中心、锅炉总厂、柴油机厂、国棉一厂、毛纺厂,占地面积约 51.32 hm²。

表 3.7～表 3.9 阐述了交通因子对工业用地影响的相关模型。主干路、次干路、支路、BRT、城际铁路等交通因子对中心城工业区选择的影响系数,如图 3.12 所示。

表 3.7 工业区位熵与交通因子模型相关性水平

Model 模型	R 复相关系数	R Square 拟合优度	Adjusted R Square 矫正拟合优度	Std. Error of the Estimate 标准误差的估计值
1	.350[a]	.123	.007	1.69638

a. Predictors: (Constant), x_1, x_2, x_3, x_4, x_5

表 3.8 工业区位熵与交通因子相关性 F 及显著性检验值[b]

Model 模型		Sum of Squares 平方和	df 自由度	Mean Square 均方	F F检验统计量	Sig. 显著性水平(P值)
1	Regression	15.279	5	3.056	1.062	.397[a]
	Residual	109.353	38	2.878		
	Total	124.632	43			

a. Predictors: (Constant), x_1, x_2, x_3, x_4, x_5
b. Dependent Variable: Y

表 3.9 工业区位熵与交通因子相关性回归系数[a]

Model 模型		Unstandardized Coefficients 偏回归系数		Standardized Coefficients 标准回归系数	t t检验	Sig. 显著性水平.
		B	Std. Error 标准误差（B 的标准误差）	Beta		
1	(Constant)	1.870	.773		2.419	.020
	x_1—主干路密度	.266	.156	.409	1.702	.097
	x_2—次干路密度	−.164	.096	−.296	−1.710	.095
	x_3—支路密度	−.060	.058	−.174	−1.037	.306
	x_4—BRT 站点覆盖率	1.906	1.567	.280	1.217	.231
	x_5—城际铁路辐射	.538	1.178	.092	.457	.650

a. Dependent Variable: Y

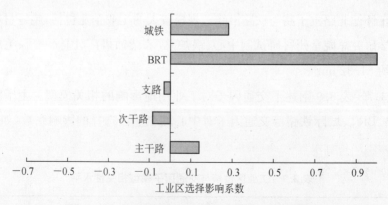

图 3.12 交通因子对中心工业区选择的影响系数

结果清晰表明了 BRT 站点辐射率是影响工业用地选择的最重要的因素。它与工业用地的选择正相关，这是由于工作地点对居住地点的选择具有决定作用，人们更愿意在轨道交通沿线选择工作地点与居住地点。所以,依托BRT和轨道交通,进行产业区及配套居住区的发展,从而提升产业区的人气,解决通勤交通压力,实现"工宿平衡"具有重要意义。研究表明,BRT站点覆盖面积每增加10%,产业用地的区位熵将增加0.19。所以在BRT、轨道交通沿线平衡产业与居住用地,可以最大限度地发挥轨道交通疏解城市人口的作用。

与BRT相似,城铁沿线也集中了大量工业用地,相关性分析表明,工业用地的选择与铁路正相关。良好的对外交通方便物流运输,并提升沿线形成生产性服务中心。城铁辐射范围的面积每增加10%,工业用地的区位熵将增加0.05。因此,铁路沿线可布局建设工业区,以带动产业结构的升级。

与居住区、商业区相比,主干路密度对工业区选择影响系数较前两要素较大,因此,主干路密度在决定工业选择是一个关键因素。主干路密度每增加10%,将会影响工业区位熵增加0.026,而次干路、支路密度增加,则会减少工业区位熵,这可能是由于支路的划分,使地块过小,不能满足大规模工业园的选址需求。因此将产业性质与主干路交通设施的特性匹配发展;围绕主干路的重要交叉口进行产业用地的集中布局,达到土地紧凑和集约利用的目标,避免城市的无序蔓延具有重要意义。

3.3 中心区街网模式与出行效率作用机理

3.3.1 国内外中心区街区模式对比

3.3.1.1 国外街区模式

欧洲城市的道路网络规划深受文艺复兴思想的影响,承袭了古典欧洲城市以广场为核心的规划手法,在传统狭窄、密集的城市街巷之间修建宽阔、笔直的大街来连接城市广场,强调轴线放射,所以经常出现5~6条路相交的交叉口。

美国城市则是另一种规划风格,以很密的方格网道路来组织城市。由于早期规划是以地产商和测量工程师为主制定的,他们的基本出发点就是尽量增加地块临街地段以增加地产收入,道路不分主次,不分功能,交叉口间距很小。棋盘式的路网提供最多的临街面和最大的弹性,大地盘比小地盘缺少开发弹性。西方城市经验以 60～180 m 的临街面、1∶1.5～1∶1.3 最能发挥基础设施的效率以及最容易"裁剪"以配合不同的项目需要。也就是说，道路分割的土地（四面临街）最小的可以是 60 m×90 m（里面可以分出更细的宗地），最大的可以是 180 m×180 m。大的可以拆成小的，小的可以拼成大的（必要时还可以越过马路去合并，这是棋盘式路网的优点）。巴塞罗那的规划被认为是欧洲最成功的规划范例之一，其街道几乎完全由 130 m×130 m 的街道组成。曼哈顿密集的路网结合狭小的街道所表现出的巨大弹性，已经成为规划的经典（图 3.13）。

图 3.13　1969 年伦敦重建、1812 年纽约曼哈顿路网规划

3.3.1.2　我国城市道路网络形态特点

中国的老城中心区的路网形态有其特有的演化形式，有学者在对微观的街道和街廊分析的层面上，根据其规划建设的历史时序和空间特征划分，总结为封建传统模式、计划经济模式、现代模式等多种模式类型[55]。有的城市中心区由于其自身历史的特殊性，可能兼有 2～3 种，甚至 4 种不同形态模式的中心区。例如，王府井商业大街是从明清北京发展起来的，并经过了民国时期、新中国成立后和改革开放以来的历次改造。目前，随着新东安市场、东方广场、世纪广场等建设项目的推进，该地区的建筑肌理已基本脱离了封建传统模式，取而代之的则是现代新区模式。因此，现在的王府井商业中心，虽然其道路系统的格局尚存传统城市的残余影响，但已经不能作为封建传统模式的典型。实际上常州老城中心区像中国许多城市的老城中心区一样类似于王府井的形态更替特征，形成新旧模式共同作用的混合体。

1) 新中国成立前——封建传统模式

封建传统模式即为城市中心区在封建社会形成的城市肌理和街道轮廓,此时的道路系统表现为高密度的特征。第一级为城市的街,往往以几条主要的街形成城市的交通构架,用以连接城门,满足最基本的交通需求;第二级即为遍布于街所形成地块内的巷,由此构成城市的街巷系统。事实上,上海外滩、广州沙面等地区具有这种窄道路—高密度—小街区的特征[56]。

2) 计划经济体制下"单位大院"用地模式对路网形态的影响

赵燕菁[56]将我国城市的路网形态总结为"大街区、宽马路"的形态.并认为这是长期的计划经济体制在城市规划领域的体现。计划经济和市场经济对于城市规划的影响巨大,一个最大的不同就是土地价值的体现。在传统计划经济体制下,土地作为生产和生活资料的一种,主要以划拨的方式出让,这一点不仅影响了城市宏观结构选择。同时也深刻影响了微观的城市"道路—用地"布局。在计划经济条件下,不存在土地市场,道路与土地是两种完全独立的城市供给,满足不同的需求目标:即道路满足交通,土地满足功能。受这种割裂思想的影响,城市规划中采用比较明确的"功能分区"的方式,出现了"大街区、宽马路"的城市形态。根据我国现有的城市道路设计要求,干道道路间距可以达到700～1 200 m,即使小城市,干道网间距也要达到500 m左右。这样的道路网络形态特点是与计划经济时代特有的"划拨土地"方式相辅相成的。由于城市被严格的化为多种单一功能的功能分区,城市中各种党政机关、国有企业、大专院校均被分配至相应的地块中,形成涵盖生产、生活等多种活动的城市基本模块,也就是我们所熟知的"单位大院"模式。每个单位大院均成为一个小社会,内部的活动自成一体,内部的路网一般受到限制,不允许非本单位车辆随意使用,造成了城市支路不断被大型单位封闭,从而改变为单位内部道路,但是每个单位大院内部产生的交通又全部都由稀疏的城市路网承担,实际上形成了单一的干道网系统构成的城市路网系统,这就形成了计划经济国家特有的城市路网—街区结构:宽道路—大街区—稀路网。在这样的土地使用模式下形成的城市路网(实际上是城市干道网)不可能满足交通发展的需要,作为公共使用的道路网统计数据难以提高,这也是我国城市难以实现"加密路网"和进行"支路网规划"的症结所在。

3) 土地使用制度改革后"新单位大院"的形成与路网形态

改革开放以来,我国的计划经济体制逐步转向社会主义市场经济体制,市场竞争在资源配置中发挥着越来越重要的作用,极大地改变了城市土地使用政策,原有的土地划拨方式转变为"土地划拨与土地市场出让"相结合的"双轨制",随着改革的深入进行,土地出让必将全部转变为市场行为。由于土地价值得到了重视,房地产业逐渐摆脱了单纯依赖政府供给的局面,逐渐成为城市经济中的支柱产业。在进行房地产开发和经营的过程中,主要的方式是功能较为齐全的"居住区"模式,位于中心区的居住区模式规模一般为 500 m×500 m,位于城市干道包裹的范围内,为了赢得回报率,每一居住区都追求自己内部的公共设施配套,经常以"人车分流"作为吸引购买者的口号,特别强调禁止外部车辆随意进出居住区内部,而且在规划阶段缺乏与周边城市道路交通系统的配合,仅以满足本居住区内的需求为目标,结果造成每个大型居住区自成一体,内部道路交通设施不能被城市所利用,公共交通线路也不能深入居住区内部,且居住区的巨大交通量直接承载在周边干路上,中心区路网局部呈现"稀路网、大街区"的形态(图 3.14)。

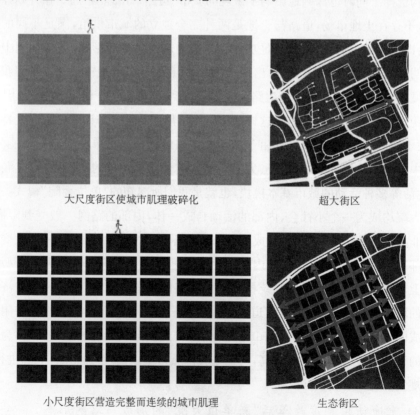

大尺度街区使城市肌理破碎化　　　超大街区

小尺度街区营造完整而连续的城市肌理　　　生态街区

图 3.14　相同比例下街区尺度对比

3.3.2 优化街网模式的理论研究

3.3.2.1 当前对街网模式认识的不足

不同街网模式表现的出行效率各不相同,那么到底何种街网模式效率最优呢?长期以来,城市道路对街网模式的重要性在人们的意识中远远落后于道路的宽度、立交等直观现象,在学术界也没有达成一致的意见,主要存在3种观点:即大间距、低密度规划观点,小间距、高密度规划观点以及折中的规划观点。目前研究的不足在于:

(1) 现有研究的结果基于不同的角度来讨论,意见没有得到统一。在大间距、低密度观点的讨论中,学者们仅从单条道路的通行能力提高认为道路间距应该保持较大的距离。文献[57]指出当干路上的交叉口间距从 200 m 提高到 800 m 时,该条道路的通行能力可提高 80%。但如果从整个路网的角度来看,当交叉口间距增加时,由于道路数目的减少,交通流量只能集中到少数的道路上,交通量会因交叉口间距增加而膨胀,从而带来更多的交通压力,降低运行效率。因此以单条道路作为优化交叉口间距的前提的研究过于片面。在小间距、高密度观点的讨论中,学者们研究了干路网密度和间距,但对支路密度以及路网总密度的研究仅是定性分析,没有定量深入。规范的观点则较为折中,虽然对各等级道路提出了明确的值,但是没有说明由来,不免也带入了经验的主观考虑,缺乏客观理性的依据。

(2) 关于密度、间距的讨论没有考虑城市的不同区位,由于城市区位的不同造成的土地利用强度差异使得不同区位所需要的路网密度、间距也不一致。

(3) 实际上,目前研究的主要对象是小汽车的路网密度、间距,而对于公交、自行车、步行等交通方式所适应的路网间距的讨论很少,当路网间距大时,绕行距离加大,由于各种交通方式的出行速度不一样,对绕行距离所增加的出行时间的影响程度不一样,当路网间距小时,交叉口绿波控制效果对于机动车比较理想,而对于其他交通方式,也由于出行速度的差别使得其他交通方式不能跟上机动车的绿波带,造成延误时间增加,因此不同的交通方式对于路网密度、间距的要求也不一样。

3.3.2.2 "路网平均间距"的提出

现有研究主要集中在讨论同一等级的道路交叉口的间距,对于整个路网(快主干支合计)的密度、平均间距讨论不多。但是实际上,一方面,对于规划建设者来说,关注更多的不是同一等级的道路间距,而是相邻道路的间距,因为它决定了地块的大小;另一方面,对于道路使用者来说,由于现状道路建设尺度都偏大,人们对道路等级的感知比较模糊,而更多关心的是相邻道路的间距,因为它决定了出行的路径选择。因此,讨论同一等级的道路交叉口的间距意义不大,而研究相邻道路的间距优化问题显得尤为重要。

基于上述分析,本书提出"路网平均间距"的概念,路网平均间距是指由整个路网(快主干支合计)的密度换算的交叉口平均距离,也是相邻道路之间的平均距离。

针对现有研究对街网模式认识的不足,本书将基于更为有效的数学规划方法,提出不同城市区位下,适应各种交通方式的路网平均间距的优化方法。

3.3.2.3 优化思路的革新:双层规划思想

1) StackelBerg 问题和双层规划模型

在许多复杂的系统决策问题中,多个决策者处于不同的决策层次上。高一级的决策者自上而下地对下一级的若干决策者行使某种控制、引导权。而下一级的决策者在这一前提下,亦可以在其管理范围内行使一定的决策权,尽管这种决策权比较起来处于从属的地位。另外,在这种多层次的决策系统中,每一级都有自身的目标函数,而越高层决策方的目标越重要、越权威、越具全局性,因此最终的决策结果往往是寻求使各层决策方之间达到某种协调的方案,在这一方案下,既可使最高层决策者的目标达到"最优",也可使作为上级决策的"约束"的较低层决策方的目标在从属位置上相应达到"最优",即下层决策以上层决策变量为参数。具有以上特征的决策问题称为主从递阶决策问题,亦称 StackelBerg 问题[58]。

概括地说,StackelBerg 问题的主要特征表现为:

(1) 有多个相对独立的决策者参与决策,并有各自的目标函数与决策变量。

(2) 某个或某些决策者的决策将影响到其他的某个或某些决策者的决策。

(3) 整个决策系统呈分散递阶层次结构,不同层次上的决策者有不同的权力和利益,居于较高层次的决策者具有较大的权力。

(4) 由各决策者共同作出的最后决策应当是各决策者均可接受的满意决策。

关于 StackelBerg 问题的分类,按照上层函数形式可分为两类,一类是上层中含有下层的最优解函数,另一类则是上层中含有下层的最优目标值函数。按照上、下层决策者目标函数是单目标还是多目标,可分为单目标问题和多目标问题。

多极数学规划问题,最早是由 Bracken 和 McGill 于 1973 年在研究一类约束中包括优化问题的数学规划时提出的,这类问题的一般模型可分为上、下两层。上层是一个含有下层最优决策变量(或最优目标函数值)的符合最优化问题,而下层则是一个以上层决策变量为参数的参数规划。人们在研究中发现,静态 Stackelberg 问题可以归纳为一类多极数学规划问题,这就为利用数学规划这一有力工具来研究主从递阶决策问题提供了新的途径和方法。

双层规划问题(Bilevel Programming,简称 BLP)是多层规划问题的一种特例,其中只有两个决策层次。由于双层规划模型形式较为简单,同时在实际中的众多决策问题均可描述为双层规划结构,因此对双层规划模型的探讨称为该研究领域的主流。双层规划的基本数学形式可以表示为[59]:

$$\min_x F[x, y(x)]$$
$$\text{S. T. } G[x, y(x)] \leqslant 0$$
$$\min_y f(x, y)$$
$$\text{S. T. } g(x, y) \leqslant 0 \tag{3.8}$$

事实上,BLP 模型已成为交通规划和管理领域中相当有效和重要的建模工具。鉴于模型结构的固有复杂性,基于 BLP 模型的全局优化问题一直被公认为是交通研究领域中难度最大、最具挑战性的问题之一[60]。Transportation Research(Part B)杂志在 2001 年还特意为此出了一期专集,介绍了迄今为止关于该类研究的重要成果,并指出了一些新的进展和未来研究方向。由于在这些现有研究中,下层问题通常是一个完整并相对独立的交通分配过程,因此这些问题可以称为交通分配与其上层优化的组合问题。

2) 合理确定城市道路平均间距的双层规划思想

确定合理的城市道路平均间距问题实际上是一个复杂的系统决策问题,涉及各种各样的影响因素:一方面,领导者(交通规划人员)在道路资源供给总量不变的约束条件下,通过对路网间距的规划手段来优化系统层面的性能函数;另一方面,出行者根据规划人员的决策来选择用户最优的路径。整个优化过程涉及政府部门和社会公众的相互作用以及他们之间多层次的、自上而下的、呈递阶结构的联合决策行为,是一个典型的主从递阶决策问题,因此可考虑双层规划思路来进行道路间距的优化建模。基本思想为:将系统评价,即各交通方式出行时间的总和最小、效率最大化为目标纳入到上层规划问题中,以产生优化方案。而将交通分配归入统一的下层规划模型中。

3.3.3 既定道路资源下效率最优的城市道路平均间距优化模型

3.3.3.1 资源总量约束、变量和响应函数

本章以集中块状的单中心大城市为案例,对街网模式与出行效率的关联性进行理论研究,在各交通方式供给道路资源总量(车道里程)的约束条件下,比较不同间距模式下路网出行效率的差异,如图3.15所示。

由于该资源供给量——车道里程保持固定不变,那么随着道路网平均间距的变化,各等级道路的各方式车道数量也将发生变化。因此城市道路平均间距优化问题所涉及的研究对象除了道路网平均间距以外,还包括各等级道路双向小汽车车道数量(包括摩托车)、双向公交专用车道数、双向机动车道数(混合行驶时)以及双向自行车道数,见表3.10所示。

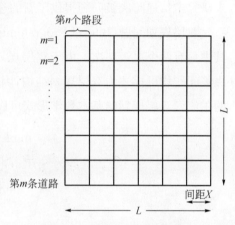

图3.15 道路方格网布局图

表3.10 优化模型变量及符号表示

	变量名称	符号表示	单位	备注
1	道路网平均间距	X	km	决策变量
2	各等级道路双向小汽车车道数(包括摩托车)	$N_{1,2}^j$	条	中间变量
3	各等级道路双向公交专用车道数	N_3^j	条	中间变量
4	各等级道路机动车车道数(混合)	$N_{1,2,3}^j$	条	中间变量
5	各等级道路双向自行车道	N_4^j	条	中间变量

由下层问题——交通分配模型可知,对于任意给定的上层问题决策变量X,都可以根据下层问题求得第m条道路第n个路段的单向路段流量变量$f_i^{mn}(X)$。因此,在本书建立的城市道路间距优化模型的双层规划模型结构中,其响应函数为$f_i^{mn}(X)$。

3.3.3.2 下层规划——各交通方式的交通分配模型

下层模型为既定道路交通资源总量供给条件下的各交通方式的交通分配模型。

1) 小汽车与摩托车用户平衡模型

由于小汽车与摩托车在出行路径选择上符合用户平衡模型,因此建立小汽车与摩托车的多车种用户平衡模型($i=1,2$)。

(1) 目标函数

采用 Beckman 变换式,与用户平衡存在等价关系。其形式可表达为:

$$\min \int_0^{f_i^{mn}(x)} t_i^{mn}(w,x) \mathrm{d}w \tag{3.9}$$

式中:x 为决策变量,指道路网的平均间距;$f_i^{mn}(x)$ 为 i 种交通方式在第 m 条道路第 n 个路段的单向路段流量,与道路网间距和路段通行能力有关;t_i^{mn} 为 i 种交通方式在第 m 条道路第 n 个路段的路段阻抗函数;分有、无公交专用道两种情况讨论:

当第 m 条道路有公交专用道:

$$t_i^{mn} = \frac{x}{t_{0i}^{mn}} \left\{ 1 + \alpha \left[\frac{f_1^{mn}(x) + f_2^{mn}(x) \times 0.4}{y_{1,2}^{mn}(x)} \right]^\beta \right\} \tag{3.10}$$

当第 m 条道路无公交专用道:

$$t_i^{mn} = \frac{x}{t_{0i}^{mn}} \left\{ 1 + \alpha \left[\frac{f_1^{mn}(x) + f_2^{mn}(x) \times 0.4 + f_3^{mn}(x) \times 3}{y_{1,2,3}^{mn}(x)} \right]^\beta \right\} \tag{3.11}$$

式中:$f_3^{mn}(x)$ 为路网间距 x 下,公交车(交通方式 $i=3$)在第 m 条道路第 n 个路段的流量,需要说明的是,由于公交具有固定的行驶路线,因此路段的公交流量不符合用户平衡模型,在本模型中,公交车路段流量作为初始流量先加载到路网上,该流量计算方法见下节;$y_{1,2}^{mn}(x)$ 为当有独立公交专用道,小汽车、摩托车混行时,第 m 条道路第 n 个路段的单向通行能力。由于需要保证道路资源的总供给保持不变,路段通行能力随着道路网的平均间距大小 x 而发生变化,因此将其表示为间距 x 的函数;$y_{1,2,3}^{mn}(x)$ 为当无公交专用道,小汽车、摩托车、公交车混行时,第 m 条道路第 n 个路段的单向通行能力。

(2) 约束条件及数学表达式:

① 路径流量与 $o-d$ 流量守恒约束

$$\sum_k f_{k,i}^{rs} = q_i^{rs} \tag{3.12}$$

式中:$f_{k,i}^{rs}$ 为交通方式 i 在 od 对 $r-s$ 之间的第 k 条路径的流量;q_i^{rs} 为交通方式 i 在 od 对 $r-s$ 之间的需求量。

② 路径流量非零约束

$$f_{k,i}^{rs} \geqslant 0 \tag{3.13}$$

③ 路段流量与路径之间的关联关系

$$f_i^{mn} = \sum_r \sum_s \sum_k f_{k,i}^{rs} \delta_{k,i}^{rs} \tag{3.14}$$

式中:$\delta_{k,i}^{rs}$ 如果第 m 条道路第 n 个路段在方式 i 的 od 对 $r-s$ 之间的第 k 条路径上,其值为 1;否则为 0。

④ 各等级道路机动车车道总量恒定约束

路网间距优化的前提是道路资源总量的供给是恒定的。在第四章中,作者研究了与交通方式需求相平衡的各等级道路资源供给总量——车道里程的计算方法,因此以各交通方式的车道里程作为资源供给的总量约束条件。

定义:j 为各等级道路编号,$j=1,2,3,4$ 按顺序依次代表快、主、次、支路。A^j 为 j 级道路的集合,γ^j 为该集合拥有道路的条数,包括南北与东西两个方向。

当第 m 条道路有公交专用道时,小汽车与摩托车混行,则各等级道路小汽车、摩托车混合车道里程约束为:

$$\gamma^j \times N_{1,2}^j \times L = PKM_1^j + PKM_2^j \times 0.4 ① \tag{3.15}$$

当第 m 条道路无公交专用道时,小汽车与摩托车、公交车混行,则各等级道路小汽车、摩托车、公交车混合车道里程约束为:

$$\gamma^j \times N_{1,2,3}^j \times L = PKM_1^j + PKM_2^j \times 0.4 + PKM_3^j ② \tag{3.16}$$

式中:L 为研究的正方形区域的边长;$N_{1,2}^j$ 为 j 等级道路的双向小汽车、摩托车混合车道数;$N_{1,2,3}^j$ 为 j 等级道路的双向小汽车、摩托车、公交车混合车道数;PKM_1^j 为 j

---

① 摩托车单车道宽度为 1.7m,大约为小汽车单车道宽度的 0.4 倍,因此将摩托车车道里程数乘以 0.4。

② 公交车单车道宽度与小汽车单车道宽度相同,因此将公交车车道里程数乘以 1。

等级道路的小汽车车道里程数；PKM_2^j 为 j 等级道路的摩托车车道里程数；PKM_3^j 为 j 等级道路的公交车车道里程数。

⑤ 通行能力约束

当第 m 条道路属于道路等级 j，即 $m \in A^j$ 时，则该条道路上第 n 个路段的通行能力为：

当 j 级道路双向通行时：

$$\begin{cases} y_{1,2}^{mn} = \dfrac{N_{1,2}^j}{2} \times cap_{1,2}^j \text{（有公交专用道）} \\ y_{1,2,3}^{mn} = \dfrac{N_{1,2,3}^j}{2} \times cap_{1,2,3}^j \text{（无公交专用道）} \end{cases} \quad (3.17)$$

当 j 级道路单向通行时：

$$y_{1,2,3}^{mn} = N_{1,2,3}^j \times cap_{1,2,3}^j \text{（无公交专用道）}$$

式中：$cap_{1,2}^j$ 为小汽车、摩托车混行时在第 j 级道路的单车道通行能力（pcu/h）；$cap_{1,2,3}^j$ 为小汽车、摩托车、公交混行时在第 j 级道路的单车道通行能力（pcu/h）。

将约束条件 4 与约束条件 5 联合整理，可推出：

当 j 级道路双向通行时：

$$\begin{cases} y_{1,2}^{mn} = \dfrac{PKM_1^j + PKM_2^j \times 0.4}{2 \times \gamma^j \times L} \times cap_{1,2}^j \text{（有公交专用道）} \\ y_{1,2,3}^{mn} = \dfrac{PKM_1^j + PKM_2^j \times 0.4 + PKM_3^j}{2 \times \gamma^j \times L} \times cap_{1,2,3}^j \text{（无公交专用道）} \end{cases} \quad (3.18)$$

当 j 级道路单向通行时：

$$y_{1,2,3}^{mn} = \dfrac{PKM_1^j + PKM_2^j \times 0.4 + PKM_3^j}{\gamma^j \times L} \times cap_{1,2,3}^j \text{（无公交专用道）}$$

⑥ 道路总量约束：

$$\sum_j \gamma^j = 2\left(\dfrac{L}{x} + 1\right) \quad (3.19)$$

式中：$2\left(\dfrac{L}{x}+1\right)$ 为研究的正方形区域内，南北向与东西向道路条数的总和。它反映了路网的拓扑结构，因此为整数。

⑦ 道路等级配置约束:

在道路等级配置中,遵循金字塔规律,即随着道路等级的提高,该等级道路的密度逐渐减少:

$$0 < \gamma^1 \leqslant \gamma^2 \leqslant \gamma^3 \leqslant \gamma^4 \tag{3.20}$$

2) 公交车路段流量模型

(1) 公交车路段流量

对于公交网络,每条公交线路都有固定的行车路线和发车频率,在同一路段上可以有很多公交线路,因此公交网络相对于城市道路交通网络来说更加复杂。为了简化此类问题,将公交线路按照道路网的形式布设为方格网的直行式布局,即公交线路将沿每条道路直行方向布置,则各等级道路公交流量为:

$$\begin{cases} f_3^j(x) = \dfrac{z_3^j \times \theta}{2 \times \gamma^j \times L_3^j \times \tau_3} \\ \sum_j \gamma^j = 2\left(\dfrac{L}{x} + 1\right) \end{cases} \tag{3.21}$$

式中: $f_3^j(x)$ 为路网间距 x 下,公交在各等级道路的流量; L_3^j 为公交在各等级道路上的乘车距离; θ 为高峰小时出行需求占全天的比例; τ_3 为公交车载客量。

若 $m \in A^j$,有:

$$f_3^{jm}(x) = f_3^j(x) \tag{3.22}$$

从公式(3.21)可推出,对于直行式的公交网络布局,随着道路网间距的减少,道路数量的增多,公交车的流量随之减少。

(2) 公交专用道设置标准及通行能力模型

当 $\dfrac{f_3^j(x)}{N_3^j \times cap_3^j} < 0.6$ 时,j 级道路无须设置公交专用道,由于小汽车、摩托车、公交车混行,城市道路上的通行能力计算见式(3.18)。

当 $\dfrac{f_3^j(x)}{N_3^j \times cap_3^j} > 0.6$ 时,j 级道路需要设置公交专用道。下文主要研究有公交专用道时,在不同路网间距下的公交专用道的通行能力计算方法。

(3) 等级道路公交专用车道总量守恒约束

在有公交专用的城市道路上,各等级道路公交专用道总量约束为:

第三章 交通对中心区空间的主动式引导机制

$$\gamma^j \times N_3^j \times L = PKM_3^j \qquad (3.23)$$

式中：N_3^j 为第 j 级道路的公交专用道车道数。

(4) 通行能力约束

当 $m \in A^j$ 时，则该条道路上第 n 个路段的公交专用道单向通行能力为[①]：

$$y_3^{mn} = y_3^{mn} = \frac{N_3^j}{2} \times cap_3^j \qquad (3.24)$$

式中：cap_3^j 为第 j 级道路的公交专用道单车道通行能力。

将约束条件式(3.23)、式(3.24)联合整理，可推出：

$$y_3^{mn} = y_3^{mn} = \frac{PKM_3^j}{2 \times \gamma^j \times L} \times cap_3^j \qquad (3.25)$$

3) 自行车用户平衡模型

在城市道路上，横断面形式一般为机动车与非机动车分隔，自行车在出行路径选择上受机动车流量的影响不大，也符合用户平衡模型，因此建立自行车用户平衡模型（$i=4$）。

(1) 目标函数及数学表达式

目标函数的意义是所有自行车路段阻抗函数积分的和最小，与用户平衡存在等价关系。其形式可表达为：

$$\min \int_0^{f_4^{mn}(x)} t_4^{mn}(w, x) \mathrm{d}w \qquad (3.26)$$

式中：x 为决策变量，指道路网的平均间距；$f_4^{mn}(x)$ 为自行车在第 m 条道路第 n 个路段的单向路段流量，与道路网间距和路段通行能力有关；t_4^{mn} 为自行车在第 m 条道路第 n 个路段的路段阻抗函数，可表达为：

$$t_4^{mn} = \frac{x}{t_{04}^{mn}} \left\{ 1 + \alpha \left[\frac{f_4^{mn}(x)}{y_4^{mn}(x)} \right]^\beta \right\} \qquad (3.27)$$

式中：$y_4^{mn}(x)$ 为自行车在第 m 条道路第 n 个路段的单向通行能力。由于需要保证自行车道路资源的总供给保持不变，路段通行能力随着道路网的平均间距大小 x

---

[①] 对于设置公交专用道的道路都是双向通行。

而发生变化,因此将其表示为间距 x 的函数。

(2) 约束条件及数学表达式

① 路径流量与 $o-d$ 流量守恒约束

$$\sum_k f_{k,4}^{rs} = q_4^{rs} \tag{3.28}$$

式中:$f_{k,4}^{rs}$ 为自行车在 od 对 $r-s$ 之间的第 k 条路径的流量;q_4^{rs} 为自行车在 od 对 $r-s$ 之间的需求量。

② 路径流量非零约束

$$f_{k,4}^{rs} \geqslant 0 \tag{3.29}$$

③ 路段流量与路径之间的关联关系

$$f_4^{mn} = \sum_r \sum_s \sum_k f_{k,4}^{rs} \delta_{k,4}^{rs} \tag{3.30}$$

式中:$\delta_{k,4}^{rs}$ 为如果第 m 条道路第 n 个路段在自行车的 od 对 $r-s$ 之间的第 k 条路径上,其值为 1;否则为 0。

④ 各等级道路自行车车道总量恒定约束

$$\gamma^j \times N_4^j \times L = PKM_4^j \tag{3.31}$$

式中:L 为研究的正方形城市区域的边长;N_4^j 为 j 等级道路的双向自行车车道数;PKM_4^j 为 j 等级道路的自行车车道里程数。

⑤ 通行能力约束

当第 m 条道路属于道路等级 j,即 $m \in A^j$ 时,则该条道路上第 n 个路段的自行车通行能力为:

当 j 级道路双向通行时:

$$y_4^{mn} = \frac{N_4^j}{2} \times cap_4^j \tag{3.32}$$

当 j 级道路单向通行时:

$$y_4^{mn} = N_4^j \times cap_4^j$$

式中:cap_4^j 为自行车在第 j 级道路的单车道通行能力(pcu/h)。

将约束条件式(3.31)与式(3.32)联合整理,可推出:

⑥ 道路总量约束

当 j 级道路双向通行时：

$$y_4^{mn} = \frac{PKM_4^j}{2 \times \gamma^j \times L} \times cap_4^j$$

当 j 级道路单向通行时：

$$y_4^{mn} = \frac{PKM_4^j}{\gamma^j \times L} \times cap_4^j \tag{3.33}$$

⑦ 道路总量约束

$$\sum_j \gamma^j = 2\left(\frac{L}{x} + 1\right) \tag{3.34}$$

⑧ 道路等级配置约束

$$0 < \gamma^1 \leqslant \gamma^2 \leqslant \gamma^3 \leqslant \gamma^4 \tag{3.35}$$

3.3.3.3 上层规划——出行效率

1) 目标函数

上层目标函数的含义为各方式出行时间的总和——系统总出行时间(万人小时)，是出行效率的直接反应。其中公交车由于有固定的路线、步行到站时间和等候时间，将其单独列出：

$$\min T[f_i^{mn}(x), x]$$

$$= \sum_{i=1(i \neq 3)}^{5} \sum_{j=1}^{4} \frac{Z_i^j \times \theta \times \eta_i^j(x)}{V_i^j[f_i^{mn}(x)]} + \sum_{j=1}^{4} \left\{ \frac{Z_3^j \times \theta}{V_3^j[f_i^{mn}(x)]} + T_3 \left[\frac{2\overline{L_{\text{步}}^j}(x)}{V_{\text{步}}} + t_{\text{候}} \right] \right\}$$

$$\tag{3.36}$$

式中：第一项物理意义为高峰小时居民利用小汽车、摩托车、自行车、步行出行时间的和；第二项物理意义为高峰小时居民利用公交车出行总时间。θ 为高峰小时出行需求占全天的比例；$\eta_i(x)$ 为小汽车、摩托车、自行车、步行在不同路网间距 x 下的绕行系数；$\overline{L_{\text{步}}}(x)$ 为居民使用公交车出行时，到各等级道路公交线的平均步行距离(km)；$V_{\text{步}}$ 为步行速度(km/h)；$t_{\text{候}}$ 为等候公交到达时间(h)；T_3 为居民使用公交车的总出行量(万人次/h)；$\overline{V_i^j}(x)$ 为交通方式 i 在 j 级道路的行程速度(km/h)，对于步行方式,受体力影响,其速度受外界因素变化影响不大,取为 4.7 km/h。

2) 绕行系数

对于小汽车、摩托车、自行车、步行来说,随着路网间距的加大,会导致交通组织与转向不便,增加绕行距离及路网体系的无效交通量。文献[62]对不同路网间距下的迂回绕行系数进行了研究,总结如下:

当路网全部双向通行时,在各等级道路出行的迂回系数主要是由街区的尺度引起的,可表达为:

$$\eta_i^j(x) = 1 + \frac{\frac{L_{出}}{x}}{\left(\frac{L_{出}}{x}\right)^2 - 1} \tag{3.37}$$

式中:$L_{出}$ 为居民平均出行距离(km)。

当组织单向交通时:对于与单行道路相交的各等级道路,其出行的迂回系数除了街区尺度影响因素以外,还将增加由于交通管制引起的绕行,其绕行系数可表达为:

$$\eta_i^j(x) = 1 + \frac{\frac{L_{出}}{x}}{\left(\frac{L_{出}}{x}\right)^2 - 1} + \frac{3}{2\left(\frac{L_{出}}{x}\right)} \tag{3.38}$$

对于不与单行道路相交的道路,其出行的迂回系数则不受单向绕行的影响,与式(3.37)所述相同。

3) 公交平均步行距离

居民使用公交车出行时,路网间距 x 下平均步行距离 $\overline{L}_{步}(x)$ 为到各等级道路公交线的步行距离 $L_{步}^j(x)$ 的加权平均值,表达如下:

$$\overline{L}_{步}(x) = \frac{\sum_{j=1}^{4} L_{步}^j(x) \times z_3^j}{\sum_{j=1}^{4} z_3^j} \tag{3.39}$$

其中:

$$L_{步}^j(x) = L_{向线}^j(x) + L_{向站}^j$$

目前,关于直行式的双向通行方格网公交线网步行到线及到站距离已有文献[63]进行了研究,该文献认为:步行到线 $L_{向线}^{j}(x)=\frac{x}{6}$、步行到站 $L_{向站}^{j}=\frac{D^{j}}{4}$($D^{j}$ 为 j 等级公交线路的平均站距),其推导过程如图 3.16 所示。

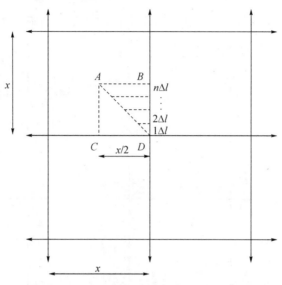

图 3.16 双向公交线乘客步行到线示意图

图 3.16 所示为双向公交线乘客步行到线示意图,对站点 D 来说,其吸引范围为 $ABCD$ 区域。AD 斜线北侧的乘客倾向于先走到 BD 线上,而南侧的乘客倾向于先走到 CD 线上,因此这两部分乘客的平均到线距离相同。以 ABD 区域来说,假定该区域内公交乘客分布是均匀的,密度为 ρ(人/km²),则 ABD 范围内的总乘客数为 $\frac{\rho x^2}{8}$,由于 Δl 无限小,从 D 点向北第 $k\Delta l$ 横排的乘客人数为 $k\rho\Delta l^2$,这些乘客走到距离 D 点 $k\Delta l$ 距离的平均步行距离为 $\frac{k\Delta l}{2}$,则这些乘客的总步行到线距离 $f_1(k)$ 为:

$$f_1(k)=k\rho\Delta l^2 \times \frac{k\Delta l}{2}=\frac{k^2\rho\Delta l^3}{2} \tag{3.40}$$

设 ABD 范围内所有乘客垂直到达 BD 线的距离之和为 $f_1(ABD)$,那么:

$$f_1(ABD)=\sum_{k=0}^{n}f_1(k)=\frac{(1+2^2+\cdots+n^2)}{2}\rho\Delta l^3 \tag{3.41}$$

ABD 范围内共有乘客 $\frac{\rho x^2}{8}$,那么人均步行到线距离为:

$$L_{向线}(x) = \frac{f_1(ABD)}{\frac{\rho x^2}{8}} = \frac{\frac{(1+2^2+\cdots+n^2)}{2}\rho\Delta l^3}{\frac{\rho(2n\Delta l)^2}{8}} = \frac{1}{3}n\Delta l = \frac{1}{6}x \quad (3.42)$$

在此基础上，本书对于直行式的单向方格网公交线的乘客步行到线距离用相似的方法推导如图3.17所示。

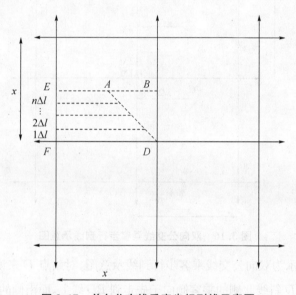

图 3.17 单向公交线乘客步行到线示意图

① ABD 区域内，当乘客乘坐南行的公交线路（BD）时，步行到线的出行情况与上述相通，人均步行到线距离为 $\frac{1}{6}x$。

② ABD 区域内，当乘客乘坐北行的公交线路时，必须绕行到 EF 线路上，从 F 点向北第 $k\Delta l$ 横排的乘客人数为 $k\rho\Delta l^2$，这些乘客走到距离 F 点 $k\Delta l$ 距离的平均步行距离为 $x - \frac{k\Delta l}{2}$，则这些乘客的总步行到线距离 $f_2(k)$ 为：

$$f_2(k) = k\rho\Delta l^2 \times \left(x - \frac{k\Delta l}{2}\right) = k\rho x\Delta l^2 - \frac{k^2\rho\Delta l^3}{2} \quad (3.43)$$

设 ABD 范围内所有乘客垂直到达 BD 线的距离之和为 $f_2(ABD)$，那么：

$$f_2(ABD) = \sum_{k=0}^{n} f_2(k) = (1+2+\cdots+n)\rho x\Delta l^2 - \frac{(1+2^2+\cdots+n^2)}{2}\rho\Delta l^3$$

$$(3.44)$$

ABD 范围内共有乘客 $\frac{\rho x^2}{8}$，那么人均步行到线距离为：

$$L_{向线}(x)=\frac{f_2(ABD)}{\frac{\rho x^2}{8}}=\frac{(1+2+\cdots+n)\rho x\Delta l^2-\frac{(1+2^2+\cdots+n^2)}{2}\rho\Delta l^3}{\frac{\rho(2n\Delta l)^2}{8}}=\frac{5}{3}n\Delta l=\frac{5}{6}x$$

(3.45)

假设乘客乘坐南行的公交线路与乘坐北行的公交线路概率相同，则平均步行到线距离为 $\frac{1}{2}x$。

综上所述，路网间距 x 下到各等级道路公交线的步行距离 $L^j_{步}(x)$ 为：

$$\begin{cases} L^j_{步}(x)=\frac{x}{6}+\frac{D^j}{4} & j\text{ 级道路双向通行} \\ L^j_{步}(x)=\frac{x}{2}+\frac{D^j}{4} & j\text{ 级道路单向通行} \end{cases}$$

(3.46)

4）行程速度

交通方式 i 在各等级道路 j 的行程速度为集合 $m\in A^j$ 中所有 m 条道路的加权平均行程速度：

$$\overline{V^j_i}(x)=\frac{\sum_{m=1,m\in A^j}^{j}\overline{V^m_i}(x)}{\gamma^j}$$

(3.47)

式中：$\overline{V^m_i}$ 为交通方式 i 在第 m 条道路的行程速度，含义为方式 i 在第 m 条道路的出行长度与行程时间的商。行程时间包括路段行驶时间和交叉口延误时间两部分，数学表达式如下：

$$\overline{V^m_i}(x)=\frac{L^m_i}{\sum_{n=1}^{\frac{L}{x}}t^{mn}_i(x)+\sum_{n=1}^{\frac{L}{x}+1}d^{mn}_i(x)}$$

(3.48)

式中：L^m_i 为方式 i 在第 m 条道路的出行长度；$t^{mn}_i(x)$ 为间距 x 下交通方式 i 在第 m 条道路第 n 个路段的行驶时间，计算方法见式(3.10)；$d^{mn}_i(x)$ 为间距 x 下交通方式 i 在第 m 条道路第 n 个交叉口的直行延误时间(s/pcu)。

计算方法如下：

当第 m 条道路是快速路，即 $m \in A^1$ 时，由于快速路与主、次干路相交均采用立交形式，$d_i^{mn}(x)=0$。

当第 m 条道路是其他等级道路，$m \in A^j, j \neq 1$，假设所有交叉口均为信号控制，则：

$$d_i^{mn} = d_{均}^{mn} \times Pf + d_{增}^{mn} \quad [65] \tag{3.49}$$

式中：$d_{均}^{mn}$ 为第 m 条道路，第 n 个交叉口的均匀延误，即车辆均匀到达所产生的延误；$d_{增}^{mn}$ 为该交叉口随机附加延误；PF 为绿波协调系数，与机动车在交叉口的到达类型有关。

(1) 各交通方式的直行车道均匀延误与附加延误

本书假设交叉口直行流量组成为：小汽车与摩托车的直行流量占70%，公交由于布局成直行式，直行流量占100%。

① 小汽车、摩托车 ($i=1,2$)

a. 当第 m 条道路有公交专用道：$m \in A^j, j \neq 1$

$$d_{均}^{mn} = \frac{0.5 C_j^q (\lambda_j^q - 1)^2}{1 - \min\left\{1, \frac{[f_1^{mn}(x) + f_2^{mn}(x) \times 0.4] \times 0.7}{N_{T1,2}^i(x) \times S_{T1,2}^i \times \lambda_j^q}\right\}} \tag{3.50}$$

$$d_{增}^{mn} = 900T \left\{ \frac{[f_1^{mn}(x) + f_2^{mn}(x) \times 0.4] \times 0.7}{N_{T1,2}^i(x) \times S_{T1,2}^i \times \lambda_j^q} - 1 \right\} + \cdots +$$

$$\sqrt{\left\{\frac{[f_1^{mn}(x) + f_2^{mn}(x) \times 0.4] \times 0.7}{N_{T1,2}^i(x) \times S_{T1,2}^i \times \lambda_j^q} - 1\right\}^2 + \frac{8e[f_1^{mn}(x) + f_2^{mn}(x) \times 0.4] \times 0.7}{N_{T1,2}^i(x) \times S_{T1,2}^i \times \lambda_j^q \times C_j^q \times T}}$$

$$\tag{3.51}$$

b. 当第 m 条道路无公交专用道：$m \in A^j, j \neq 1$

$$d_{均}^{mn} = \frac{0.5 C_j^q (\lambda_j^q - 1)^2}{1 - \min\left\{1, \frac{[f_1^{mn}(x) + f_2^{mn}(x) \times 0.4] \times 0.7 + f_3^{mn}(x) \times 3}{N_{T1,2,3}^i(x) \times S_{T1,2,3}^i \times \lambda_j^q}\right\}} \tag{3.52}$$

$$d_{增}^{mn} = 900T \left\{ \frac{[f_1^{mn}(x) + f_2^{mn}(x) \times 0.4] \times 0.7 + f_3^{mn}(x) \times 3}{N_{T1,2,3}^i(x) \times S_{T1,2,3}^i \times \lambda_j^q} - 1 \right\} + \cdots +$$

$$\sqrt{\left\{\frac{[f_1^{mn}(x) + f_2^{mn}(x) \times 0.4] \times 0.7 + f_3^{mn}(x) \times 3}{N_{T1,2,3}^i(x) \times S_{T1,2,3}^i \times \lambda_j^q} - 1\right\}^2 + \frac{8e\{[f_1^{mn}(x) + f_2^{mn}(x) \times 0.4] \times 0.7 + f_3^{mn}(x) \times 3\}}{N_{T1,2,3}^i(x) \times S_{T1,2,3}^i \times \lambda_j^q C_j^q T}}$$

$$\tag{3.53}$$

② 公交车($i=3$)

a. 当第 m 条道路有公交专用道:$m\in A^j,j\neq 1$

$$d_{3均}^{mn}=\frac{0.5C_j^q(\lambda_j^q-1)^2}{1-\min\left[1,\frac{f_3^{mn}(x)}{N_{T3}^i(x)\times S_{T3}^i\times\lambda_j^q}\right]} \quad (3.54)$$

$$d_{3增}^{mn}=900T\left[\frac{f_3^{mn}(x)}{N_{T3}^i(x)\times S_{T3}^i\times\lambda_j^q}-1\right]+$$

$$\sqrt{\left[\frac{f_3^{mn}(x)}{N_{T3}^i(x)\times S_{T3}^i\times\lambda_j^q}-1\right]^2+\frac{8ef_3^{mn}(x)}{N_{T3}^i(x)\times S_{T3}^i\times\lambda_j^q C_j^q T}} \quad (3.55)$$

b. 当第 m 条道路无公交专用道:$m\in A^j,j\neq 1$

由于公交与小汽车、摩托车混行,因此公交车的均匀延误、随机附加延误和小汽车相同,如上式所示。

③ 自行车($i=4$)

$m\in A^j \quad j\neq 1$

$$d_4^{mn}(x)=d_{4臧}^{mn}(x)=\frac{0.5C_j^q(\lambda_j^q-1)^2}{1-\min\left[1,\frac{f_4^{mn}(x)\times 0.7}{N_{T4}^i(x)\times S_{T4}^i\times\lambda_j^q}\right]} \quad (3.56)$$

式中:$C_j^q(x)$ 为在路网间距 x 下第 j 级道路与第 q 级道路相交时,交叉口的周期时长(s)($j=2,3,4;q=2,3,4$ 分别代表主、次、支)。$\lambda_j^q(x)$ 为该交叉口的直行相位绿信比。$N_{Ti}^j(x)$ 为第 j 级道路上,交通方式 i 在交叉口处进口直行车道数量。S_{Ti}^j 为第 j 级道路上,交通方式 i 在交叉口处进口直行车道单车道饱和流率(veh/h),依据参考文献,小汽车、摩托车在主、次、支各等级道路的直行车道饱和流率分别为:$S_{T1,2}^2=2\,000(\text{veh/h})$,$S_{T1,2}^3=1\,650(\text{veh/h})$,$S_{T1,2}^4=1\,400(\text{veh/h})$;公交车在主、次、支各等级道路的专用车道饱和流率分别为:$S_{T3}^2=666(\text{veh/h})$,$S_{T3}^3=550(\text{veh/h})$,$S_{T3}^4=466(\text{veh/h})$;自行车在主、次、支各等级道路的专用车道饱和流率分别为:$S_{T4}^2=2\,000(\text{veh/h})$,$S_{T4}^3=2\,000(\text{veh/h})$,$S_{T4}^4=2\,000(\text{veh/h})$。$T$ 为分析时段的持续时长(h),取 0.25 h。e 为单个交叉口信号控制类型校正系数,定时信号取 $e=0.5$[64]。

(2)周期时长与绿信比

周期时长是决定交叉口交通效益的关键控制参数,周期时长越大,通行能力越大,但车辆延误等也随之增长,因此应配以适当的周期时长,让通行能力稍高于交通流量而使延误等指标达到最小,这样既能保证车辆的畅通又能降低运行费用。一般来说,在交通量大的道路上,交叉口周期长,多相位;而在交通量小的道路上,交叉口周期短,相位少。

(3) 绿波协调系数

绿波协调、信号联动对减少交叉口的延误有很大作用,在许多情况下,绿波协调的效果由车辆到达交叉口的类型、本相位的绿信比等因素决定,HCM2000[65]中给出了绿波协调系数的推荐值,如表3.11所示。

表 3.11　PF 绿波协调系数

绿信比 λ \ 到达类型	1	2	3	4	5	6
0.2	1.167	1.007	1	1	0.833	0.75
0.3	1.286	1.063	1	0.986	0.714	0.571
0.4	1.445	1.136	1	0.895	0.555	0.333
0.5	1.667	1.24	1	0.767	0.333	0
0.6	2	1.395	1	0.576	0	0
0.7	2.556	1.653	1	0.256	0	0

到达类型描述了指绿灯时间到达交叉口的车队比例,它反映了绿波的协调效果,HCM2000 中也对各到达类型所适应的路网条件进行了研究,但是对我国来说,在混合交通干扰下,HCM2000 中关于能实行绿波的信号交叉口间距的适应值有所偏高,我国学者通过对 scoot 自适应信号控制系统在北京市实际应用状况的分析指出:当相邻两交叉口的间距不大于 500 m 时,系统信号协调控制能发挥作用[66],杨佩昆教授结合互联指数的研究曾指出:信号交叉口间距 400 m 时,控制系统有实效,600 m 时低效,800 m 时失效[67]。基于上述研究,本书建立了我国绿波效果所适应的路网条件,如表 3.12 所示。

表 3.12　绿波效果与路网对应关系

绿波效果	到达类型	路网条件
非常差	1	双向道路,每个方向绿波效果不好
差	2	信号交叉口无协调控制,信号间距超过 800 m
随机到达	3	信号交叉口相互独立,信号间距 500~800 m
较好	4	信号协调控制,常发生在双向道路的一个方向,信号间距 400~500 m
很好	5	信号协调控制,信号间距 200~400 m
理想	6	发生在城市中心区密集的有单向交通的路网,信号间距<200 m

3.3.4 各街网模式下出行效率的模型求解

运用 3.3.2 的理论模型进行实证研究。建立一个抽象城市模型,在此城市中,呈现"一个强大的中心,多个功能片区围绕中心区连片布局,众星捧月"的空间结构,将城市按大小等分为 9 个片区,每个片区面积 11 km²,城市中心区位于几何中心,用地强度高达 25 000 人/km²,交通生成量为 77.5(万人次/天)。而其他片区属于城市一般地区,用地强度为 8 500 人/km²,交通生成量为 25.5(万人次/天)。重力模型参数值为 1.3。

3.3.4.1 交通方式需求及资源供给总量恒定约束

根据文献[68]的论述,单中心城市的合理方式结构为 $P_{car}=15.89\%$;$P_{motor}=4\%$;$P_{bus}=36.39\%$;$P_{bic}=21.69\%$;$P_{ped}=22.03\%$,与之相平衡的各交通方式道路资源供给总量见表 3.13。

表 3.13 城市中心区各等级道路供给各交通方式的资源 单位:(车道公里)

交通方式 \ 等级	快速路		主干路		次干路		支路	
	符号	计算结果	符号	计算结果	符号	计算结果	符号	计算结果
小汽车	PKM_1^1	62.89	PKM_1^2	39.76	PKM_1^3	26.51	PKM_1^4	68.25
摩托车	PKM_2^1	—	PKM_2^2	13.51	PKM_2^3	9.01	PKM_2^4	14.58
公交车	PKM_3^1	44.72	PKM_3^2	40.52	PKM_3^3	27.01	PKM_3^4	52.46
自行车	PKM_4^1	—	PKM_4^2	48.65	PKM_4^3	32.43	PKM_4^4	93.88
步行	PKM_5^1	—	PKM_5^2	29.01	PKM_5^3	19.34	PKM_5^4	72.56

3.3.4.2 路网平均间距的极值约束

在城市中心区:当路网间距超过 400 m 时,由于沿街面的减少会降低中心区宝贵土地资源的价值,而当路网间距小于 100 m 时,不能满足各类用地对最小用地单元的使用需求,因此中心区的路网平均间距的极值约束为 $100\ m \leqslant x \leqslant 400\ m$。

3.3.4.3 求解

在城市规划过程中,规划的尺度是比较大的,因此,对于规划师来说,道路的平均间距精确值可以适当放宽,同时也可以为不同性质用地提供大小不同的规模空间。因此以 50 m 为步长来寻找道路网间距优化值的有效解基本能够满足规划的精度要求,从模式 A—1:路网平均间距 400 m,到模式 A—7:路网平均间距 100 m,对不同间距路网模式的效率进行模拟计算,见表 3.14。各路网模式的具体设计详见附录 A。

表 3.14 城市中心区不同间距下出行效率计算表 (1)

路网间距 道路等级	模式A-1:400 m 快	主	次	支	模式A-2:350 m 快	主	次	支	模式A-3:300 m 快	主	次	支	模式A-4:250 m 快	主	次	支	模式A-5:200 m 快	主	次	支	模式A-6:150 m 快	主	次	支	模式A-7:100 m 快	主	次	支
集合的个数 γ	4	4	4	6	4	4	4	8	4	4	8	8	4	4	8	12	4	6	8	16	4	8	12	20	8	8	12	38
机动车道数 $N_{1,2}$ 或 $N_{1,2,3}$	6	4	4	4	6	4	4	4或6	6	4	4	4或2	6	4	4或2	4或2	6	4或2	4或2	2	4	2	2	2	2(4)	4	2	1
公交专用车道数 N_3	4	4	2	4	4	4	2	2或4	4	4	2	—	4	4	2	—	4	2	—	—	2	—	—	—	2	—	—	—
自行车车道数 N_4'	4	4	4	4	4	4	4	2或4	4	4	4	2	4	4	—	2	2(4)	2	—	2(1)	2	—	—	1	—	2	1(2)	1
小汽车路段平均流量 f_1^{mm}	2541	1144	556	358	2489	1096	512	334 (502)	2437	1049	412 (206)	312 (468)	2391	883	400 (200)	335 (167)	2440	807 (403)	329 (164)	317	694	282	335	1302 (2604)	433	247	178
摩托车路段平均流量 f_2^{mm}	—	379	184	119	—	363	169	110 (166)	—	347	136 (68)	103 (155)	—	292	132 (66)	111 (55)	—	267 (133)	109 (54)	105	230	—	111	—	143	81	59
公交车路段平均流量 f_3^{mm}	417	113	113	81	417	113	75	60	417	113	37	60	417	113	38	41	417	75	37	60.7	56	48	50	208	56	50	25
自行车路段平均流量 f_3^{mm}	1800	1700	1672	1500	1750	1700	1700	775 (1550)	1710	780	810	166 (830)	850 (1700)	700	1200 (600)	720	710 (1420)	620	730 (1460)	—	—	—	—	—
机动车路段平均饱和度	0.60	0.72	0.45	0.45	0.62	0.69	0.41	0.62 (0.55)	0.66	0.58	0.41 (0.45)(0.53)	0.58	0.55	0.4 (0.48)(0.69)	0.55	0.57	0.34 (0.41)	0.58	0.53	0.33	0.62	0.36	0.63
公交车专用道路段平均饱和度	0.69	0.6	0.6	0.98	0.69	0.6	0.69	0.58	0.59	0.69	0.69	0.79	0.5	0.69	0.69	—	0.69	—	—	—
自行车路段平均饱和度	0.9	0.85	0.83	0.75	0.87	0.83	0.77	0.85	0.71	0.83	0.78	0.7	0.85	0.7	0.6	0.72	0.71	0.62	0.73	0.74	—
周期长度 C_j^3(主)	160	160	160	160	160	160	160	160	160	160	90	90	90	90	90	90	90
周期长度 C_j^3(次)	160	120	160	160	120	160	120	90	90	90	90	90	90	90	90
周期长度 C_j^3(支)	90	60	90	60	90	60	90	60	90	60	90	90	90	90	90
直行相位绿信比 λ_j^3(主)	47/ 160	52/ 160	47/ 160	52/ 160	47/ 160	52/ 160	22/ 90	32/ 90	22/ 90	32/ 90	22/ 90	42/ 90	22/ 90	42/ 90
直行相位绿信比 λ_j^3(次)	37/ 160	34/ 120	37/ 160	34/ 120	37/ 160	34/ 120	27/ 90	22/ 90	27/ 90	22/ 90	42/ 90	42/ 90	42/ 90
直行相位绿信比 λ_j^3(支)	64/ 160	27/ 90	64/ 160	27/ 90	64/ 160	27/ 90	27/ 90	27/ 90	27/ 90	42/ 90	42/ 90	42/ 90	42/ 90

表 3.14 城市中心区不同间距下出行效率计算表（2）

路网间距 道路等级	模式 A-1：400 m			模式 A-2：350 m			模式 A-3：300 m			模式 A-4：250 m			模式 A-5：200 m			模式 A-6：150 m			模式 A-7：100 m		
	主	次	支	主	次	支	主	次	支	主	次	支	主	次	支	主	次	支	主	次	支
小汽车到达类型(主)	5	—	—	5	—	—	5	—	—	5	—	—	6	—	—	6	—	—	6	—	—
小汽车到达类型(次)	—	5	—	—	5	—	—	5	—	—	5	—	—	6	—	—	6	—	—	6	—
小汽车到达类型(支)	—	—	5	—	—	5	—	—	5	—	—	5	—	—	6	—	—	6	—	—	6
公交车到达类型(主)	3	—	—	3	—	—	3	—	—	3.5	—	—	3.6	—	—	3.6	—	—	3.6	—	—
公交车到达类型(次)	—	3	—	—	3	—	—	3	—	—	3.5	—	—	3.6	—	—	3.6	—	—	3.6	—
公交车到达类型(支)	—	—	3.5	—	—	3.5	—	—	3.5	—	—	3.5	—	—	3.6	—	—	3.6	—	—	3.6
小汽车行程速度 $\bar{V}_1$	74.01	22.49	20.49	74.55	19.00	19.41	75.06	19.55	17.94	75.13	26.39	28.81	75.48	32.69	25.48	75.03	30.58	33.97	75.22	24.37	72.24
摩托车行程速度 $\bar{V}_2$	—	18.38	18.17	—	16.06	16.68	—	16.52	15.65	—	21.43	23.18	—	25.51	21.00	—	24.33	26.45	—	25.44	25.06
公交车行程速度 $\bar{V}_3$	47.67	18.79	17.43	47.67	17.86	16.84	47.67	15.77	15.91	47.67	19.90	19.31	47.67	22.12	20.68	47.67	22.12	20.58	47.67	20.67	19.18
自行车行程速度 $\bar{V}_4$	—	9.94	9.46	—	9.72	9.09	—	14.81	14.02	—	19.96	19.61	—	16.80	17.91	—	21.36	15.89	—	14.97	—
步行行程速度 $\bar{V}_5$	—	7.55	7.79	—	7.56	7.80	—	7.43	7.92	—	8.35	9.03	—	8.59	9.02	—	9.52	8.93	—	7.73	8.29
绕行系数 η_i (i=1,2,4)	—	4.7	4.7	—	4.7	4.7	—	4.7	4.7	—	4.7	4.7	—	4.7	4.7	—	9.48	4.7	—	4.7	4.7
步行绕行系数 η_f	1.135	1.135	1.135	1.118	1.118	1.118	1.101	1.101	1.101	1.084	1.084	1.084	1.067	1.067	1.067	1.125	1.125	1.125	1.083	1.083	1.083
公交步行到站点距离(m)	316	266	216	308	258	208	300	250	200	291	241	191	283	233	183	275	225	175	266	216	175
居民利用小汽车出行总时间(人小时)	8779			9304			9407			7360			7051			6986			6970		
居民利用摩托车出行总时间(人小时)	2121			2278			2304			1731			1676			1620			1600		
居民利用公交车出行总时间(人小时)	37340			31348			30166			27128			26614			26367			26261		
居民利用自行车出行总时间(人小时)	19256			19228			19620			16819			17468			16960			19206		
居民利用步行出行总时间(人小时)	17578			17307			17040			16775			16513			16253			15993		
出行总时间(人小时)	85074			79466			78538			69813			69322			68186			70031		

3.3.4.4 结论分析

根据表 3.14 的数据,将各交通方式在不同路网间距的运输效率绘图如图 3.18 所示。

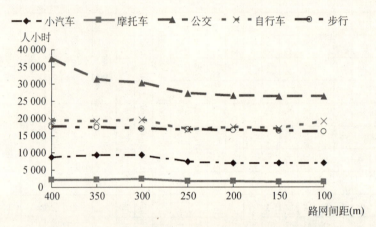

图 3.18 中心区各交通方式在不同路网间距的出行效率

从图 3.18 中数据,可推出以下结论。

1) 小汽车在不同路网间距的运输效率表现

(1) 当路网间距分布在 400～300 m 时,小汽车出行时间会随着间距的减少小幅度上升,研究结果与传统的认识有所偏差,这主要是因为:一方面,虽然随着路网间距的减小,道路流量也因分流有所减少,但是减少幅度不大,仍然需要与大间距相同的周期才能保证车辆通过,对于相同的绿波控制效果来说,300 m 间距路网会由于交叉口的数量增多,使所有交叉口延误之和增大,出行时间增加;另一方面也说明,间距的减少带来绕行距离的减少并不能弥补交叉口增多带来的损失。

(2) 当路网间距小于 300 m 时,出行时间会迅速减少,数据表明:250 m 间距的小汽车出行时间比间距分布在 400～300 m 的路网模式平均节省 22%,主要由于在小间距路网下,交通需求分布 od 不需要汇集到仅有的几条干路上才能完成。良好的通达性使之具有多路径选择,路径越多,影响这种选择的可能性就越多,因此分配到每条道路上的路段流量越少。表中数据表明 250 m 间距下主、次干路路段流量比 400 m 间距模式下分别减少了 22% 和 28%,从而带来进入交叉口流量减少,交叉口周期缩短带来延误时间的降低、效率提高。另外,250 m 间距的绕行距离比大间距要少,节省了出行时间,为提高运行效率也起了推波助澜的作用。

(3) 当路网间距继续减少,分布在250～100 m之间时,出行时间仍然在逐渐减小,但变化幅度不大,当间距100 m时,出行时间达到最小,比间距250 m小5%,这主要是单行系统的建立起了很大作用,也进一步说明了单行系统虽然增加了绕行距离,但是由此带来的损失比提高交叉口通行能力带来的效益要小。同时,这一点也很好地解释了为何国外城市在面临高机动化水平的挑战下"小间距、高密度"路网表现出良好适应性的原因。

2) 摩托车在不同路网间距的运输效率表现与小汽车相类似,不赘述

3) 公交在不同路网间距的运输效率表现为随着路网间距的减少呈现提高的趋势

在本书假设的方格网直行式公交线路布局下,随着路网间距的减小,原本大间距路网上重复系数较高的公交线路将分散布局到增加的道路系统上去,这样不仅降低了公交线路重复系数,减少了道路断面的公交流量,而且更为重要的是增加了公交站点的服务半径,使得居民公交站点的出行距离减少,因此居民利用公交出行时间也相应减少,数据表明,间距100 m路网模式比400 m路网模式出行时间节省29.6%,效率得到大幅提高。

4) 自行车的运输效率

从图3.18可明显看出,在间距临界点250 m处出现转折,分析如下:

(1) 当间距分布在400～250 m之间时,自行车出行时间随着间距的减小而减小,这主要是由于自行车流量随着可选路径的增加分流减小而形成的,另外绕行距离的减小也起了一定作用,因此250 m比400 m出行时间减少12.6%。

(2) 当间距分布在250～150 m之间时,自行车出行时间变化不大,这是由于随着路网间距的减小,自行车流量的分流作用并不明显引起的。

(3) 当间距分布在150～100 m之间时,自行车出行时间随着间距的减小而增加,这主要是由于交叉口数量的增多造成的。小间距路网的一个很大优势是交叉口信号联动绿波控制,但是由于相位差的设置主要是为了满足机动车能顺利通过绿波带,而自行车由于在速度上与机动车存在差异,不能满足通过绿波带的要求,联动绿波控制效果对于自行车出行并不理想,因此随着交叉口数量的递增,所有交叉口的集合延误也递增,因此数据表明,100 m间距路网比150 m出行时间增加13.23%。

5) 步行在不同路网间距的运输效率表现

在步行带不是超饱和的情况下,步行速度主要受体力支配影响,受步行流量变化的幅度不大,稳定在 4.7 km/h 左右,本书假设步行在交叉口处设置有人行天桥或地下通道,不计交叉口延误,那么步行的出行时间主要由出行距离决定,也就是由步行绕行系数决定。随着路网间距减小,步行绕行系数也减少(步行道均为双向),步行的出行时间也同步减少,100 m 路网步行出行时间比 400 m 节省 9%。

在我国的混合交通出行模式下,系统的整体出行效率为以上各交通方式出行时间的总和,绘制不同路网间距下系统整体出行效率(图 3.19),从图上我们可将系统整体出行效率大致分为三段:

第一段:间距分布在 400~300 m,在此区间,系统总体出行时间在逐渐递减,但是其值依然较高,前文已述,这与它们的大流量、大周期有关。

第二段:250~150 m,该区间的系统总体出行时间比上一区间(400~300 m)有大幅下降,下降的最大幅度近 20%①,出行效率得到明显提高。这主要是由于流量减少、周期缩短、绕行距离减少等因素引起的。同时,我们也发现,在此区间内,虽然随着路网间距减小,出行时间依然在减小,但波动幅度很小,150 m 路网仅比 250 m 节省 2.3% 的出行时间。这主要是与流量减少幅度不大、交叉口周期相同等因素有关。

第三段:150~100 m,数据表明,并不是间距越小系统出行效率越高,当间距小于 150 m 时,出行时间呈现上升的趋势,100 m 路网比 150 m 浪费 2.89% 的出行时间。这主要是由于绿波带不能满足所有交通方式造成自行车交叉口延误时间增加引起的。

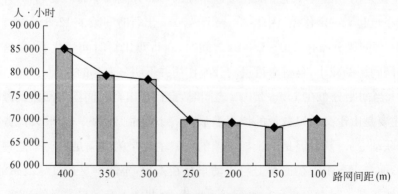

图 3.19 中心区不同路网间距下总出行效率

---

① 150 m 的系统出行时间比 400 m 减少 19.8%。

根据上述研究,本书得出结论:在中心区,效率优先的道路网平均间距应该小于300 m,并保持在250～150 m之间,但不能低于150 m(本书推荐了优化间距的合理范围,主要是考虑到在此距离范围内出行效率变化不大,因此中心区间距的取值可以根据各类用地单元对地块大小的需求以及拆迁等实际需要,在此250～150 m合理范围内选取。)

3.4 土地开发强度与交通需求的关联

如何协调土地开发强度与交通之间的关系是理论界和政府部门共同关注的问题之一,它在很大程度上关系着城市的运转效率。城市开发强度是城市开发模式的一个重要指标,揭示城市开发强度与交通需求的影响可为特定模式下城市空间组织和管理提供参考。本书将突破以往仅对密度与交通方式选择关系、密度与出行距离关系、强度与交通生成关系的研究,而是基于交通需求对土地开发强度的控制反馈,进一步从公交主导、缩短出行距离、与供给资源匹配的交通生成等一系列的交通需求合理化措施,对土地开发强度提出控制策略。

3.4.1 不同开发强度模式下的城市交通发展主张

从城市开发强度主张的角度看,现代城市规划理论主要有三大类,不同的理论倾向有着不同的交通发展战略倾向:① 主张分散化[69][70]的理论认为机动化是城市发展的必然,是提高城市效率的方式之一;② 集中化理论[71]则提倡建立高效的公共交通体系是节约能源、合理利用城市空间的途径;③ 折中主义[72]则更强调交通与土地利用开发两者之间的有机性,提倡交通与土地利用一体化。

近年来,随着"可持续发展"、"生态化"、"信息化"等概念的热现,对相应的土地开发模式进行新的反思,越来越多的学者主张适度集中化的开发模式。其中,部分学者从可持续发展的角度主张节约用地、提高效率的集中化开发模式,包括"新城市主义"在内的众多理念提倡以公共交通为主轴开展的集约化用地布局模式受到良好的响应。

3.4.2 密度与交通方式选择

研究表明,不同密度的地区交通方式结构明显不同。总体而言,在各种交通方式中，密度对私家车和公交车有较显著的影响，高密度开发地区居民通常采用公共交通和非机动车方式，而低密度开发地区则以私家车交通方式为主。国外学者分别从居住密度和就业密度对交通方式选择的影响展开研究，并总结出一系列具有一定参考价值的结论和指标。

一方面，在居住密度与交通方式选择的研究上，按照时间的先后，普什卡和朱潘[74]（Pushkarev and Zupan）发现，当密度达 148 单元/hm² 以上时，一半出行将以公交方式实现。赛韦罗（Cevero）[75]采用 1985 年全美住户调查数据 1985AHS（A-merican Housing Survey）研究表明，密度比土地利用混合程度更明显地影响通勤的小汽车和公交各自的占有率；提高密度，结合土地混合使用，能降低机动车拥有率和减少出行距离。希默克（Schimek）[76]结合多伦多与波士顿进行案例比较研究，发现高密度对应多类型的交通方式。由于有更高的居住密度，结合在 CBD 和近郊区更集中的就业，加上社会经济的不同，多伦多居民有更多样化的交通方式选择。此外，帕森·布林克霍夫（Parsons Brinkerhoff）[77]、梅辛杰与尤因（Messenger and Ewing）[78]、塞韦罗与科克曼（Cevero and Kockelinan）[79]等也通过研究认为，密度影响机动车拥有情况，从而影响公交使用情况。

另一方面，就业密度也影响工作出行方式选择。塞韦罗（Cevero）[80]认为郊区就业中心的密度影响工作出行方式选择；希默克（Shimek）[76]指明就业密度越高，公交的使用比例越大；弗兰克和皮沃（Frank and Pivo）[81]更是给出了相应的经验数值，认为交通方式由单人驾车向公交、步行方式转化存在就业密度的门槛：就业人数的密度为每 62~123 人/hm² 时，随着密度增加，单人驾车适度转为公交、步行方式；而就业人数的密度达到 185 人/hm² 时，随着密度增加，这种变化迅速明显。

从宏观上比较，目前世界上几大洲之间的人口密度存在很大的差距，若以高、中、低划分，分别为高强度的亚洲、中强度的欧洲和低强度的美洲与澳洲等。分别选择位于这 3 种密度层次的 3 个代表城市作日常通勤交通出行方式的对比，由表 3.15 可见，随着密度的增加，公共交通的比例提高，而私家车方式降低。如莫里斯[82]采用公共交通方式出行比例仅为 4.2，远远低于高强度典型的新加坡[84]，后者为 52.49；而在私家车方面则相反，莫里斯为 81.2，而新加坡仅为 23.7，中等密度开发的伦敦[83]则此两项指标均位于中间。另外，出行方式与城市结构以及道路交通供给有密切的联系。蔓延式的城市以高速路为主组织交通,通勤距离较长,不适合步行、自行车或摩托车交通的出行,因此,此类出行方式的比重极低,而集约化的高密度地区则相反。值得一提的是中等密度的伦敦与高密度的新加坡相比,前者采用步行或自行车的比例反而高,除了与空间结构组织有关外,作为绿色交通,步行或自行车交通方式受到政府的重视,在道路设计方面得到相应的考虑。从这种意义上讲,城市密度、城市结构和道路设计等土地利用要素与政府发展策略共同影响城市居民的交通出行方式选择。

在中国,本书也针对长三角地区城市做了相应的研究。居住人口密度来源于土地利用调查。交通数据来源于各城市居民出行调查[85-91],如表3.16所示。

表3.15 不同开发密度城市地区日常通勤交通方式构成(%)

城市地区	所在洲	开发强度	步行或自行车	公共交通	摩托车	私家车	合乘小车	其他
莫里斯(2000)	美洲	低	19	4.2	0.8	81.2	8.2	3.7
伦敦(1998)	欧洲	中	14(其中步行11,自行车3)	13(其中公交7,铁路6)	1	71		
新加坡(2000)	亚洲	高	6.4	52.4	4.8	23.7	6.7	6.1

表3.16 我国长三角城市人口密度与分目的出行方式构成

城市密度	工作出行目的(%)					非工作出行目的(%)					人口密度(人/km²)
	步行	自行车	公交	小汽车	摩托	步行	自行车	公交	小汽车	摩托	
徐州	15	62	16	3	4	36	39	16	6	3	135
常州	32	34	14	8	13	52	18	18	9	4	108
南通	6	55	9	6	24	22	37	14	11	15	92
昆山	19	54	6	8	13	66	20	3	6	4	117
苏州	17	64	7	4	8	49	33	11	3	3	116
铜陵	55	15	20	6	4	59	19	12	5	5	87
温岭	7	41	9	12	31	27	34	15	13	11	97

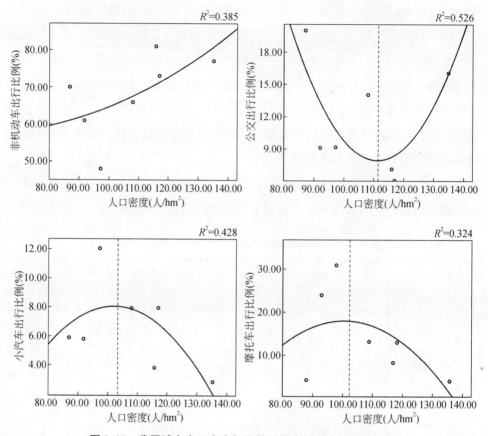

图3.20 我国城市人口密度与通勤目的出行方式相关性分析

在以工作为目的的出行时(图3.20),非机动车(含步行与自行车)与城市密度呈现单向正相关性,当密度由 80 人/hm² 增加到 130 人/hm² 时,非机动车的出行比例由 60% 增加到 80%。而其他机动车出行与城市密度呈现双向二元相关性。在选用公交上班出行中,可以发现人口密度 110 人/hm² 为门槛值,当低于此值时,增加居住密度会带来公交出行比例的减少;而高于此密度,公交出行比例会迅速增长。相比于公交,小汽车和摩托车用于通勤的出行比例刚好相反,呈现凸曲线相关。当出行密度低于 103 人/hm² 时,随着密度的增加,小汽车和摩托车的出行比例逐渐增加;而当密度高于 103 人/hm² 时,增加人口密度会使它们的出行比例减少。

在弹性(购物、娱乐等非工作为目的)目的的出行时(图3.21),非机动车(含步行与自行车)基本与城市密度呈现单向正相关性,但其增长速度较刚性出行缓慢。

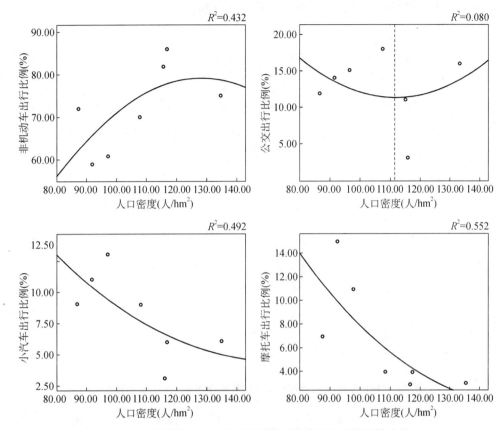

图 3.21 我国城市人口密度与弹性目的出行方式相关性分析

而在公交的弹性出行中,可以发现人口密度 113 人/hm² 为门槛值,当低于此值时,增加居住密度会带来公交出行比例的减少;而高于此密度,公交出行比例会迅速增长,与以工作为出行目的十分相似。相比于公交,小汽车和摩托车用于娱乐的出行比例则不同,呈现单调递减,人口密度越高,会使它们的出行比例减少。

因此,为促进公交出行,减少使用私人交通,公交导向下可持续的人口开发密度应该不小于 110 人/hm²。

3.4.3 密度与出行距离

出行距离是体现居民出行分布的重要指标,国外研究表明:城市开发强度越大,市用地组织的有机性往往越大,居民出行的距离相对较短。

一般来说,高密度地区出行距离相对较短,且大多采用步行或自行车等非机动车交通方式,人均机动车里程随着人口强度的增加而下降。但人口密度高到一定程度时,这种变化趋势趋于平缓。如图 3.22 所示,人口密度超过 1 万人/km² 时,年人均机动车里程较低,多数在 1 万人/km²,但随着密度的增大,这种变化越来越不明显。可见,高密度地区机动车交通出行方式比例相对稳定。这主要是由于开发强度高,各种城市功能在有限的地域范围内集成,人们的工作、文化娱乐、教育学习、探亲访友、购物社交等活动在有限的空间内组织,缩短了交通出行的距离、限制了机动车出行方式的选择。

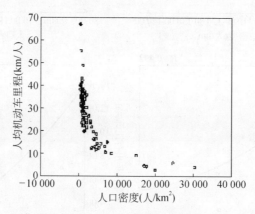

图 3.22　1990 年世界主要城市人均机动车里程密度与人口密度关系[92]

本书也针对我国长三角地区 7 个城市做了相应的研究。出行距离来源于居民出行调查,其统计方法与 Banister 等(1997)和 Nobuaki 等(2003)的研究相似。基于此,城市密度与分目的的出行距离关系可见表 3.17。

表 3.17　我国部分城市密度与出行距离

城市名称	出行距离(km)		城市密度
	工作目的	非工作目的	
徐州	5.8	5.7	135
常州	6.7	6.1	108
南通	7.3	7.8	92
昆山	4.3	3.03	117
苏州	5.5	4.9	116
铜陵	4.6	5.4	87
温岭	7.6	6.3	97

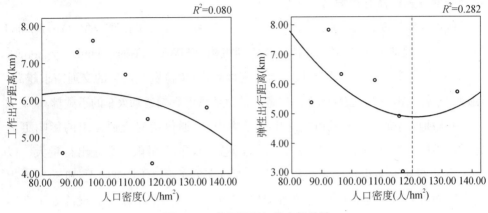

图 3.23　出行距离与密度相关性

由图 3.23 可见，在以工作为目的的出行时，出行距离与城市密度呈现单调递减，高强度开发城市的通勤交通出行分布更容易在较小的范围内就地均衡。卫星城和西方蔓延式的城市发展模式中，最显著的交通问题之一在于各区之间的交通依赖。由于居住与就业的分离，新区与老区之间、新区与新区之间的交通出行量较大，从而产生交通瓶颈，导致钟摆式的交通分布状况。相比而言，高强度开发城市由于多种功能的用地在空间上相对集中，缩短了通勤距离，且使交通更好地在较小范围内均衡。

而在以弹性为目的出行时，出行距离与密度的变化趋势呈现二元化。当密度由 80 人/hm² 增加到 130 人/hm² 时，非机动车的出行比例由 60% 增加到 80%，而其他机动车出行与城市密度呈现双向二元相关性。在选用公交上班出行中，可以发现人口密度 120 人/hm² 为门槛值，当低于此值时，增加居住密度会带来出行距离的减少，人们的文化娱乐、探亲访友、购物社交等活动在有限的空间内组织，缩短了弹性交通出行的距离，限制了机动车出行方式的选择，而高于此密度，出行距离会迅速增长。

因此，为了缩短出行距离，人口密度应该保持在 120 人/hm² 左右。

3.4.4　强度与交通生成

普什卡和朱潘[74]研究认为，居住密度越高，交通需求量越大，居住密度是交通需求函数的变量，当居住密度上升到 17~40 个单位时，交通需求迅速增加；其次，在就业密度对交通需求的影响方面，多数学者认为就业密度对交通需求，包括需求量和交通方式选择有影响。

城市开发强度越高,则交通需求量越大。国外学者邓菲和费希尔(Dunphy and Fisher)[95]。根据1991年联邦高速公路管理机构(FHWA：Federal Highway Administration)的高速公路统计表明,城市地区密度越高,单位资金产生的交通需求越高;帕森·布林克霍夫[96]也认为,车站服务区的就业密度影响通勤火车的承载量。

一般地,高强度开发城市交通出行量集中,交通供给对交通需求的影响更灵敏。高强度开发城市由于人口密集,出行更集中,单位面积的交通出行量大。以1990年世界主要城市机动车里程密度与人口密度关系为例,总体上,机动车里程的密度随着人口密度的增加而增加(图3.24)。出行的集中使交通设施处于高容量状态,因此自我调节能力相对较弱,外力对交通流作用的效果更灵敏,这些外力以交通供给为主。包括交通设施的建设和改造、为交通需求提供的其他管理和服务,如交通需求管理、公交线路组织等。因此,研究高强度开发城市影响交通需求相关外力因素,揭示各因素对交通需求的作用效果以及因素之间的相互关系是组织好高强度开发城市交通的重要前提之一。

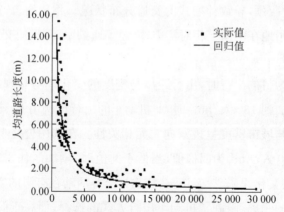

图3.24 世界主要城市人口密度与人均道路长度关系[97]

我国根据建设部批准的《城市用地分类与规划建设标准》(GBJ 137—1990)[98],城市用地分为10个大类,即居住用地、公共设施用地、工业用地、仓储用地、对外交通用地、道路广场用地、市政公用设施用地、绿地、特殊用地、水域和其他用地。不同性质的用地对应着不同的交通需求,也就是说,10类用地单位面积上能够生成的出行量各有差异。本书根据南京市[99]、常州市居民出行和吸引源交通调查统计数据,调查得到的各类性质建筑工作人员、顾客、来访者的数量特征,并参照国内外其他城市建筑设施发生、吸引交通量特征数据[100],综合分析计算并确定各类用地性质的出行率参考值,见表 3.18。

表 3.18 各用地出行率参考值

类别代号			类别名称	高峰小时出行率参考值(建筑面积)
大类	中类	小类		
R	居住用地			居住小区、居住街坊、居住组团和单位生活区等各种类型的成片或零星的用地
	R1	R11	一类居住用地	0.5~1.5 人次/户
	R2	R21	二类居住用地	0.8~4 人次/户
	Rb		住宅混合用地	4~10 人次/百平方米
	Re	Reb	小学用地	5~20 人次/千平方米
		Rec	中学用地	5~20 人次/千平方米
C	公共设施用地			居住区及居住区级以上的行政、经济、文化、教育、卫生、体育以及科研设计等机构和设施的用地,不包括居住用地中的公共服务设施用地
	C1		行政办公用地	
		C11	市属办公用地	1~3 人次/百平方米
		C12	非市属办公用地	1.5~3.5 人次/百平方米
	C2		商业金融业用地	
		C21	商业用地	10~40 人次/百平方米
		C22	金融保险业用	1.5~4 人次/百平方米
		Cb	商办混合用地	2.0~5.5 人次/百平方米
		C24	服务业用地	3.0~7.5 人次/百平方米
		C25	旅馆业用地	1~4 人次/套客房
		C26	市场用地	5~25 人次/百平方米
	C3		文化娱乐用地	
		C31	新闻出版用地	1~3 人次/百平方米
		C32	文化艺术团体用地	1~3 人次/百平方米
		C33	广播电视用地	1~3 人次/百平方米
		C34	图书展览用地	1.5~3.5 人次/百平方米
		C35	影剧院用地	0.6~1.8 人次/座位
		C36	游乐用地	2.5~6.5 人次/百平方米
	C4		体育用地	0.2~0.8 人次/座位
	C5		医疗卫生用地	150~400 人次/万平方米
	C6		教育科研设计用地	周末 0.5~1.5 人次/学生
	C7		文物古迹用地	10~100 人次/千平方米(占地面积)
G			公共绿地	
	G1	C11	公园	10~100 人次/千平方米(占地面积)

因此,对于一个特定的地块而言,其内部各类用地面积的不同,以及土地利用强度的不同,直接决定了该地块的交通生成。根据这一思路可以建立以下强度—交通生成预测模型:

$$G_A = \sum_{i \in A} s_i r_i k_i \tag{3.57}$$

式中:G_A 为地块 A 的出行发生量(人次/高峰小时);s_i 为地块 A 内第 i 类用地的占地面积(m^2);r_i 为地块 A 内第 i 类用地的开发强度即容积率;k_i 为地块 A 内第 i 类用地的出行率参考值。

而交通生成应该与供给的交通资源相匹配,因此地块内各用地的面积、容积率等规模应满足公式(3.58),以保障交通运行质量。

$$G_A(S_i, r_i) \leqslant U_A \tag{3.58}$$

式中:U_A 为地块 A 的交通容量。

3.5 本章小结

良好的交通体系可提高中心区可达性,引导传统城市中心区的空间进行全面更新和发展,本书拟从宏观到微观,结合"多层级量化"方法,在中心区对外、中心区本体两个层级,通过度量对外交通可达性对区位优势度影响、综合交通对用地空间布局作用、街区尺度与出行效率作用机制、合理交通需求对用地强度作用,从理论上阐述综合交通对中心区空间发展的主动式引导机制及其规律。

(1) 在中心区对外层级方面,本书研究了对外交通可达性对中心区区位的影响。本书首先通过梳理交通可达性概念及区位理论,就对外交通与区位分布的关系进行了分析,在此基础上,运用可达性和聚集性两个因子衡量区位优势度,通过分析区位优势度与交通的关系,构建区位优势度度量模型。

(2) 在中心区本体层级方面,本书首先就综合交通系统对中心区用地布局的影响进行了研究。在梳理已有的土地地租竞争理论上,本书对居住、商业、产业用地选择与地租的关系进行了分析。接下来,本书借助信息论中的熵,用常州中心区 2009 年土地使用现状数据,以交通系统建设各要素为自变量,转型期内的居住用地、商业用地和工业用地的区位熵为应变量,运用多元线性回归模型,计算各交通因子对城市用地布局的影响系数,揭示各种交通对居住区、商业区、工业区城市用地影响的强弱程度。结果表明:居住用地选择与 BRT 站点辐射率正相关性最大,BRT 站点覆盖面积每增加 10%,居住用地的区位熵将增加 0.08,却与城际铁路辐射负相关。商业用地的选择发展与体现机动车可达的路网密度、公交可达的 BRT 线路、对外交通可达的城际铁路均存在正相关的关系。而工业区与 BRT 站点、铁路辐射、主干路密度正相关,而与次干路、支路密度负相关。

(3) 本书对中心区街网模式与出行效率作用机理的研究包括:在国内外街网模式的分析基础上,比较不同间距模式下路网出行效率的差异。运用双层规划思想,在各交通方式的道路资源供给总量不变的约束条件下,建立适用于我国混合交通结构的 BLP 优化模型,并以集中块状的单中心大城市为算例,对道路网络布局与出行效率优化的理论进行测算应用,推导出效率优先的道路网平均间距应该小于 300 m,并保持在 250~150 m 之间,但不能低于 150 m,可保证各交通方式的出行时间总和最小。

(4) 在合理的交通需求对土地开发强度控制研究方面,本书将突破以往仅对密度与交通方式选择关系、密度与出行距离关系、强度与交通生成关系的研究,而是基于交通需求对土地开发强度的控制反馈,进一步从公交主导、缩短出行距离、与供给资源匹配的交通生成等一系列的交通需求合理化措施,对土地开发强度提出控制策略。

通过对长三角地区 7 个城市的数据分析表明,密度对私家车和公交车有较显著的影响,高密度开发地区居民通常采用公共交通和非机动车方式,而低密度开发地区则以私家车交通方式为主,人口密度 110 人/hm^2 为门槛值,公交导向下可持续的人口开发密度应该不小于 110 人/hm^2。再次,在密度与出行距离方面,高强度开发城市的用地选择自由度大,土地利用的有机性较强,居民采用机动车出行的方式距离较短;本书数据表明,为了缩短出行距离,人口密度应该保持在 120 人/hm^2 左右。最后,本书对各类用地性质的出行率进行了总结,并构建与交通供给匹配的交通强度控制模型。

第四章 交通导向下中心区空间发展模式

基于第三章理论研究揭示的交通对空间影响的作用机制,以常州中心区为案例,从新旧组团交通可达下空间区位提升、交通导向下空间结构发展趋向、短路径出行的用地混合重组、效率优先的街网模式转变、公共交通可达的用地强度控制、客流出行特征导向的城铁触媒模式等六大方面提出我国可持续发展的综合交通导向下的城市空间规划发展模式。

4.1 新旧组团交通可达下空间区位提升

4.1.1 基本原理

对外交通畅达对中心区域经济发展关系重大,根据3.1节的理论,区位优势度一定程度上反映了区位于对外交通的相关关系。

在对外交通联系对中心区空间区位的提升计算中,我们需要的只是不同交通联系度对空间区位的影响,因此只需要计算相对区位优势度。

根据3.1.3节,设中心区区位交通改善前优势度为LP_1、而改善后的优势度为LP_2,在改善前后规模都不变的情况下,则中心区区位相对提升的优势度和交通可达性改变相关,可计算为:

$$Y=\frac{LP_1}{LP_2}=\frac{KO_1^r A_1^\alpha (q_1)^\beta}{KO_2^r A_2^\alpha (q_2)^\beta}=\left(\frac{A_1}{A_2}\right)^\alpha \tag{4.1}$$

式中:Y为相对优势度;LP_1、LP_2分别为交通改善前中心区区位优势度;A_1,A_2分别为改善前后交通可达性,α为交通可达性因子对区位优势度增长贡献的弹性系数。

4.1.2 案例模式:常州中心区对外交通与区位提升

对常州而言,应依托良好的对外交通条件强调城市各分区的合作,加强常州、武进地区的区域一体化建设,发挥常州国家级高新技术开发区的带动作用,有序推进规模发展。同时深化同上海、苏北地区的经济联系,扩大对外开放,加强外资的引进。合理利用历史、人文景观,创造发展旅游业的条件,促进经济、环境、旅游、服务协调发展。从而以"强大的辐射力带动和影响周边地区的经济发展,成为一个长三角三级中心城市"。

4.1.2.1 常州中心区对外交通需求

中心分区位于常州的核心,地理位置居中。分区边缘有沪宁铁路经过,分区南部为京杭大运河,水运通道贯穿全区,预计2020年中心区对外交通交换量预测如下。

1) 交通生成

根据《常州市综合交通规划》,到2020年城市居民人均出行次数约2.5次/人日,外围组团人均出行次数约2.0次/人日。研究区居民一日出行总量将达到620万人次左右,流动人口一日出行总量约为73.7万人次。

2) 交通分布

将常州主城区划分为22个交通中区,包含了交通与土地利用整体分析中主城和都市发展区各交通分区,范围涵盖了"一心四翼",如图4.1所示。

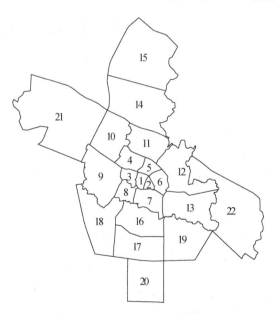

图 4.1 常州主城区交通中区划分图

出行分布采用双约束重力模型,模型结构及参数为:

$$T_{ij} = \frac{K_i K_j P_i A_j}{f(t_{ij})} \tag{4.2}$$

式中:T_{ij} 为日产生的从 i 区到 j 区的出行总量(次/日);K_i 为 $[\Sigma K_j A_j / f(t_{ij})]^{-1}$;$K_j$ 为 $[\Sigma K_i P_i / f(t_{ij})]^{-1}$;$P_i$ 为 i 区一日产生的出行总量;A_j 为 j 区一日吸引得出行总量。

采用的阻抗函数为:$f(t_{ij}) = t_{ij}^a$

用 TransCAD 软件的重力模型对扩样后的 od 进行参数标定,居民出行的参数 α=1.4334,得出 2020 年东南西北各翼组团至中心区的出行分布如表 4.1 所示。

表 4.1 中心区 2020 年对外交通需求分布(人次/日)

北翼交通区—旧城区		西翼交通区—旧城区		东翼交通区—旧城区		南翼交通区—旧城区	
小区编号	需求量	小区编号	需求量	小区编号	需求量	小区编号	需求量
4	27 900	3	37 078	6	36 953	7	45 319
5	26 302	9	21 837	12	16 859	8	43 427
10	9 397			13	26 210	16	35 745
11	20 309			22	3 447	17	6 637
14	6 860					18	3 428
15	4 716					19	2 165
21	5 512					20	3 759
合计	100 996	合计	58 915	合计	83 469	合计	140 480

3) 交通方式划分

影响城市居民出行方式的主要因素有城市用地布局特征、城市经济发展水平、城市交通设施供应、居民生活水平、居民出行行为心理特征等。在常州的出行方式预测中,考虑到步行、小汽车和其他方式的特点,其方式划分见表 4.2。

表 4.2 常州市交通方式结构发展预测　　　　　　　　　　　　单位:%

交通方式	1994 年	2001 年	2020 年
步行	21.79	17	17～19
自行车	66.18	41.42	25～30
摩托轻骑	5.27	27.9	3～5
公共汽车	2.36	6.5	17～19
轨道交通	—	—	11～13
私家车	—	2.03	12～16
出租车	—	0.95	2～4
其他	4.4	4.2	2
合计	100	100	100

4.1.2.2 中心区现状对外通道及可达性

现状中心区受铁路和运河影响,交通屏障地带的通道数量不足,在上述对外交通需求下,向南和向北两个方向形成中心区对外交通的交通瓶颈,经过 TransCAD 交通分配,分区对外交通通道流量及服务水平如表 4.3 和图 4.2 所示。

表 4.3　中心分区现状对外交通通道交通分配一览表

序号	方向	路名	道路性质	双向机动车道数	平均流量(pcu/h)	饱和度
1	向东	关河东路	主干道	6	774	0.8
2		延陵东路	主干道	6		
3	向南	怀德南路	主干道	6	462	1.01
4		广化街	次干道	4		
5		和平北路	主干道	6		
6	向西	关河西路	主干道	6	452	0.56
7	向北	通江南路	主干道	6	464	0.96
8		晋陵北路	主干道	6		
9		永宁路	次干道	4		
10		竹林南路	次干道	4		

图 4.2　现状中心区对外通道

根据 3.1 中对中心区可达性 A_j 定义：

$$A_j = \sum_{i=1}^{n} \frac{T_{ij}}{d_{ij}^{\beta}} \tag{4.3}$$

选用 T_{ij} 为中心区 j 对东南西北各翼地区 i 的出行分布，β 是修正参数，在早期 Hansen 等的研究中取值为 2。d_{ij} 是 i 和 j 之间的时间阻抗，可用 BPR 函数计算：

$$d_{ij} = d_{ij0}\left[1+\left(\frac{q}{c}\right)^5\right] \tag{4.4}$$

式中：d_{ij0} 为初始行驶时间；q/c 为各方向通道饱和度。

按照上述模型，计算得到中心区各方向可达性见表 4.4。

表 4.4　中心分区现状对外可达性计算表

	出行分布 T_{ij}（人次/日）	出行距离（km）	改善后出行时间 d_{ij}（min）	改善后可达性 A_{ij}
向东	83 469	8	15.93	5 239.74
向南	140 480	12	36.89	3 808.07
向西	58 915	6	9.52	6 190.92
向北	100 996	18	49.93	2 022.62
合计 A_{ij}				17 261.34

4.1.2.3 中心区新增对外通道及可达性

根据中心分区用地布局、道路功能及现状流量分配结果,针对南北向交通拥堵,对分区对外道路进行了调整。向北,增加跨铁路联系通道 2 处,与原有 4 处通道共组成双向 32 个车道,则在 4.1.2.1 节已预测的对外交通需求下,向北通道饱和度为 0.58,服务水平在 B 级左右。向南,在对运河现状 6 座桥梁进行保留或改造的基础上,增加 3 处跨运河、关河通道,与原有 3 处通道共同形成双向 34 个车道,则向南通道饱和度为 0.57,服务水平保持 B 级。向东,增加 1 处通道,与原有 2 处通道共同形成双向 18 个车道,则向东通道饱和度为 0.59。而向西,现状交通状况较好,可不增加通道,具体如表 4.5、图 4.3 所示。

表 4.5 中心分区规划新增对外通道表

序号	方向	增加通道数	双向机动车道数	平均流量	饱和度
1	向东	1	18	480	0.59
3	向南	3	34	461	0.57
6	向西	0	6	451	0.56
7	向北	2	32	464	0.58

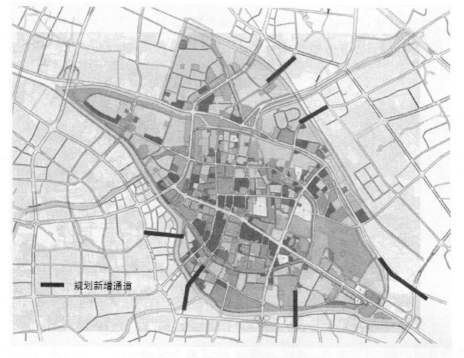

图 4.3 规划中心区新增对外通道

按照式(4.3)、式(4.4),计算得到中心区各方向改善后可达性见表 4.6。

表 4.6 中心分区改善后对外可达性计算表

	出行分布 T_{ij}(人次/日)	出行距离(km)	改善后出行时间 d_{ij}(min)	改善后可达性 A_{ij}
向东	83 469	8	12.93	6 454.15
向南	140 480	12	19.15	7 335.42
向西	58 915	6	9.52	6 190.91
向北	100 996	18	28.78	3 508.84
合计 A_{ij}				23 489.32

4.1.2.4 区位优势度的相对提升

1) 参数敏感性分析

在式 4.1 中,α 为可达性对区位的影响参数,按照 4.1.1.2 和 4.1.1.3 计算结果,其对区位优势度提升敏感性分析表明,参数 α 越大,区位相对优势度成指数增加。

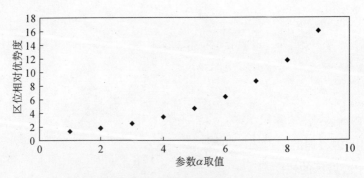

图 4.4 参数 a 取值对中心区区位优势度敏感性分析

2) 增加通道敏感性分析

同样,本书就增加通道的不同个数对区位优势度的影响也进行了分析。以南向通道为例,选取参数 $\alpha=1$,在增加 1~3 处不同通道情形下,向南通道饱和度使中心区至南部组团的可达性产生变化,其带来的区位优势度变化如图 4.5 所示。

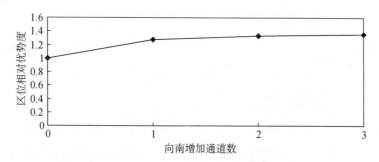

图 4.5　向南增加通道数对中心区区位优势度敏感性分析

4.2　多模式交通主导下空间结构发展趋向

4.2.1　基本原理

城市空间结构是城市用地功能活动及其内在联系的高度概括,根据上文交通对用地区位熵的影响,判断交通对中心区空间结构的影响机制为如下几方面(表 4.7)。

(1) 城际铁路站点与商服用地、产业用地的选择正相关,因此在城铁站点有利于生活、生产性服务中心的培育,形成城市副中心。

(2) BRT(轨道交通)由于其大量提升了用地的可达性,其与居住、商业、工业用地的选择呈现正相关性,因此在 BRT(轨道交通)站点将形成居住、商业、产业功能圈层集聚效应,并沿 BRT(轨道交通)形成珠链状的发展廊道,空间结构上呈现多中心与轴线点线结合的发展模式。

(3) 中心城区主干道沿线 400 m 范围内对居住、商业、工业用地的轴向开发均有促进作用,但慢速的主干道系统将导致城市圈层式蔓延发展。

(4) 中心城区的快速路将使得中心区更加紧凑,但对中心区与外围组团会造成一定分割。同时,外沿的快速路将疏解部分中心区功能,带动外围居住中心和产业中心的形成。

表 4.7 交通体系对城市空间结构的影响

交通设施	作用机理	影响的主要功能类别	形成空间结构
城际铁路	出入口的点状聚集效应和整体的廊道作用	商业和产业功能	城市副中心
BRT（轨道交通）	出入口的点状聚集效应和整体的廊道作用	人居空间、商业和产业空间均可	多中心和轴线结合
主干路沿线 400 m	单条线路的轴状扩散和整体的蔓延拓展	人居空间、商业和产业空间均可	轴线或蔓延式
快速路	出入口的点状聚集效应和整体的廊道作用	人居空间和产业空间	疏解中心功能，在外围形成新组团

4.2.2 案例模式：常州市交通导向下空间结构发展趋向研究

4.2.2.1 各交通体系对居住空间结构的影响

1）现状居住区空间结构

常州现状居住区主要分布在旧城区，由居住用地选择与 BRT（轨道线路）、主干线分布正相关的机理可看出，由于中心区布设了 BRT（轨道线路）及密集的道路网络，因此在核心中心区以及中心区向外延伸的怀德路、和平路、兰陵路等几条主要道路干线上，居住区分布较为密集。而在旧城区的西北角和东南角，由于 BRT（轨道线路）、主干线辐射不足，居住分布有所下降（图 4.6）。

图 4.6 旧城及中心区现状交通与居住用地分布（参见书末彩图）

2) 未来居住区空间结构

随着中心城区人口的增加,城市发展的环境容量已无法容忍城市继续积聚发展,在常州规划的快速路、BRT、轨道交通导向下,城市人居空间将跳出居住内城向外扩展,形成外围居住片区和产业配套居住区。伴随着各居住区交通可达性的差异,可分为开发优先区、开发一般区及开发滞后区,如图4.7所示。

(1) 开发优先区。在兰翔、北港、东方、薛家、湖塘等居住区,由于有主要的轨道线路、快速路、主干路系统支撑,可优先开发。

(2) 开发一般区。在旧城区外围的一些产业配套居住区,虽然有公路系统支撑产业开发,但仍缺乏大运量的轨道交通及干线网路,为一般开发区。

(3) 开发滞后区。在青龙等居住区,由于缺乏轨道交通、干路系统的支撑,为开发滞后区。

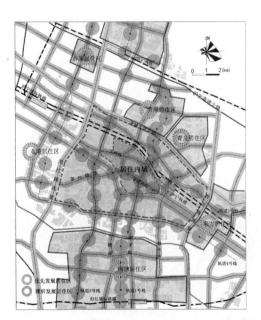

图4.7 常州未来居住空间结构图(参见书末彩图)

4.2.2.2 各交通体系对公共服务区空间结构的影响

1) 现状公共服务区空间结构

由于中心区具有密集的BRT(轨道线路)、主干线,商业用地呈现明显的中心聚集状况,从图4.8可看出,常州主要的商贸、商务用地聚集的区域沿南北大街和延陵路分布。伴随着近年来常州城际铁路的建成,在城铁站点周边聚集了部分商业,正培育为中心区东北片区的商业中心。而在旧城区北部沿着通勤交通密集的通江路出现商业带,这与北部港区、工业区提供城市就业点有关。在缺乏交通支撑的地方,商业发展较为薄弱,宜进行调整。

2) 未来公共服务区空间结构

未来老城中心区可达性将进一步提高,公共服务区将继续集聚,形成核心CBD。而随着新交通体系的建成,也将拉开未来公共服务区空间框架,为多中心体系的形成创造了条件,如图4.9所示。

(1) 京沪高铁站的带动,将促成城市"跨越式"发展,在北部形成市级综合性商贸中心。

(2) 沪宁城际铁路的运行,带来原周边产业提升及进一步高度聚集,由原片区中心发展为城市CBD。

(3) 通过与轨道交通站点的耦合,围绕轨道交通站点地区进行高密度TOD开发,形成轨道交通导向下的钟楼片区、戚墅堰区、新运河区、武进片区、高新区等生活性服务中心,以带动市级、区级等多中心结构的形成,完善常州的多中心城市体系。

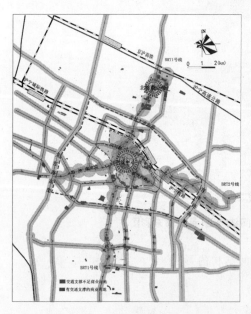

图4.8 旧城及中心区现状交通与商业用地分布(参见书末彩图)

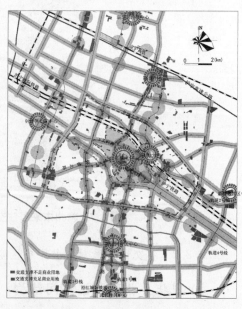

图4.9 常州未来公共服务区空间结构图(参见书末彩图)

4.2.2.3　各交通体系对公共服务区空间结构的影响

1) 现状产业区空间结构

从旧城现状的工业布局来看,其基本对应了常州制造业规划所提出的"三圈"的制造业布局规划,中心区内现状除西侧常州柴油机厂等少数工业用地外,工业已经基本完全迁出。在中心区以外的旧城范围内,工业主要集中在东南工业区和西北钟楼工业区两片,主要与新中国成立后工业沿运河集中布局有关,此外,工业还表现出较为明显的沿路分布的特征,尤其在怀德南路及劳动路周边地块。而在旧城外围,工业区围绕高速公路、港口等工业区分布较为明显,如图4.10所示。

2) 未来产业区空间结构

伴随着旧城更新的产业调整,未来产业区将继续从中心区、旧城区疏散。疏解路径将沿着物流集散点即高速公路出入口、港口及铁路货运站点等进行产业用地的集中布局,达到土地紧凑和集约利用的目标,避免城市的无序蔓延。同时,在大运量公共交通导向下,利用BRT和轨道交通,解决通勤交通压力,在工业园区附近,建立产业配套居住区,以实现"工宿平衡",如图4.11所示。

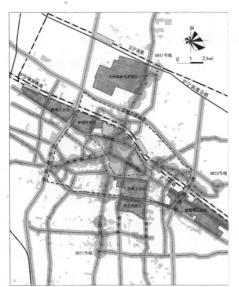

图4.10　旧城及中心区现状交通与产业用地分布
（参见书末彩图）

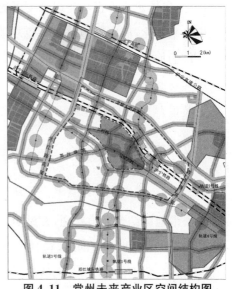

图4.11　常州未来产业区空间结构图
（参见书末彩图）

4.3 短路径出行导向的用地混合重组

4.3.1 混合熵对出行需求影响理论

规划短路径的城市只有通过功能的多样性和多种功能的混合才能实现。Cevero[80]首先在研究郊区活动中心时运用了土地利用多元化这一指标,之后Frank等[81]等对该指标进行了拓展。学者们分别从土地利用混合熵、楼面垂直竖向混合度对交通的影响展开研究。

土地利用混合熵被用于衡量用地功能的复合度,见式(4.5),当熵越大,说明土地利用的异质性越大,Cevero[79]发现,混合熵对居民出行周转量影响不大,但对于以购物娱乐为目的的弹性出行来说,混合熵每增加0.1,公交出行比例将增加2.11%。

除了用地功能复合,单体建筑垂直向度上各功能的组合也是多元化的一项重要指标,单体建筑垂直功能组合度可通过单体建筑中各楼面类型及建筑面积,利用熵模型来量化,而所属地块的垂直功能混合度则为该地块所有单体建筑垂直功能组合度的加权平均值。相关研究表明,在垂直混合度为1,具有零售商业、商务办公等多功能楼面的邻里社区中,其产生的周转量比单一功能楼面的建筑少11.1车·英里[104](约17 860车·公里)。

4.3.2 成功案例借鉴

4.3.2.1 香港轨道站点混合用地研究

香港地区结合轨道交通,在站点周围混合用地的成功模式值得借鉴。香港拥有超过200 km的轨道网络,包括港岛线、荃湾线、观塘线、东涌线、机场快线、西铁线、东铁线、将军澳线、马鞍山线等接驳系统。在轨道换乘站,如中环、金钟、红磡、尖东、尖沙咀、南昌、沙田等站,由于大量客流到达及换乘,刺激了物业多元化发展,这些站点土地利用混合熵均大于1.5。如在沙田新市镇,由于有东铁服务,其规模超过50万人,在站点500m范围内,集中了商业(用地面积占25.9%)、办公

(11.9%)、行政(11.5%)、酒店(2.2%)、教育(0.1%)、停车场(0.8%)、住宅(47.5%)等7类物业的用地,形成沙田的镇中心[101](图4.12)。

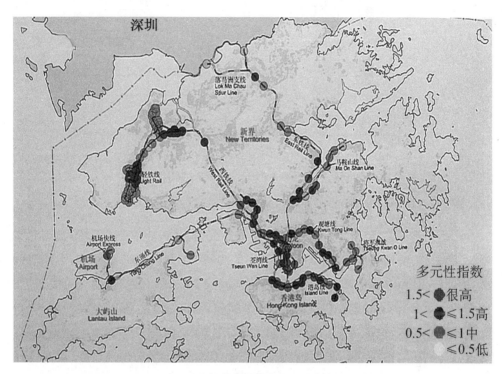

图4.12　香港轨道沿线用地多元化指数分布图

恰是由于香港地区采取轨道网络与城市空间格局高度融合的发展战略,在提高公共交通需求的同时,减低了对私人交通系统的依赖。2002年,香港运输署对本港居民出行方式的调查结果表明[102],在全目的出行中,私人机动化方式仅占11%,而89%的方式是采用公共交通方式。其中,轨道交通出行比例占25%,仅次于专营常规公交的比例33%,值得一提的是,对于拥有小汽车的居民,其使用公共交通的出行比例为47%,较1992年增长了2%。

另外,调查结果进一步表明,2002年的居民使用小汽车的平均出行时间是23min(图4.13),比1992年的28min有大幅度减少,这也进一步说明香港轨道交通附近城市空间混合多元开发对减少机动化和出行距离发挥了重要的作用。

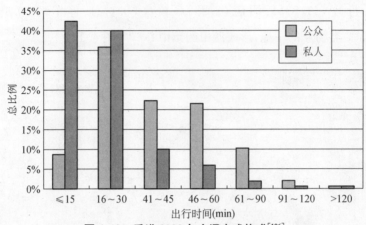

图 4.13 香港 2002 年交通方式构成[106]

4.3.2.2 广州花都 CBD 轨道站点周围混合用地研究

广州花都 CBD 位于广东省中南部,广州市北面,珠江三角洲的北缘,是南北交通要道,素称"省城之屏障,南北粤之咽喉"。其东邻广州白云机场 8 km,北接清远市,南邻广州中心城区 22 km,优越的区位使其成为广州"北优"战略的重要节点,面积共计 2.8 km²,见图 4.14。为了与世界接轨,创建以空港总部经济带动的创新型新城中心,在广州花都区 CBD 城市设计[103]中,规划在 CBD 内建立有轨电车线,通过其与机场地铁线的无缝对接与换乘,提供 CBD 至机场的便捷服务,从而确保花都成为广州最便利的商务区之一。

花都 CBD 在有轨电车站点腹地之内,倡导用地功能平面混合,通过混合设置服务业、零售商业、娱乐休闲以及住房等用地,将站点的用地多元化指数控制在 1~1.5 之间,从而达到提高公交出行需求的目的。根据 Cevero[79]的发现,土地利用混合熵每增加 0.1,公交出行比例将增加 2.11 个百分点。根据该理论,花都因站点用地功能平面混合,公交出行比例将达到 22.6%~33.3%(图 4.15,表 4.8)。

同时,除了用地功能混合,倡导站点内单体建筑垂直向度上各功能的混合也是花都 CBD 多元化的一大特色,通过在中央商务区或混合功能区的单体建筑上聚集底层商业、办公、住宅多功能楼面,将站点单体建筑的垂直混合度控制在 0.08~0.61 之间,从而达到缩短出行距离、分散出行目的、减少交通周转量的目的。相关研究表明,当邻里单元(范围以距邻里中心 400 m 的步行活动距离内)建筑垂直混合度为 1 时,产生的交通周转量比单一功能楼面的建筑少 11.1 车·英里(约 17 860 车·公里),根据该理论,预测花都因站点建筑功能垂直混合减少的交通周转量为

1.47~10.84 车·公里(图 4.16,表 4.8)。

图 4.14 花都 CBD 交通区位图

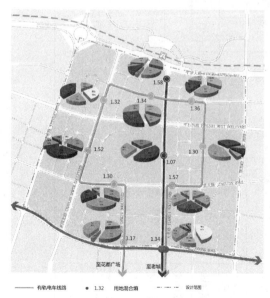

图 4.15 广州花都区 CBD 轨道沿线土地利用混合熵分布图

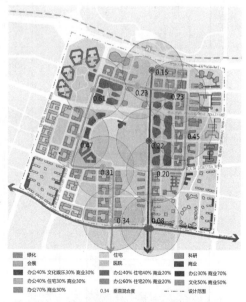

图 4.16 广州花都区 CBD 轨道沿线建筑垂直混合度分布图

表 4.8 花都轨道站点用地与建筑混合对出行需求的影响

站点编号	站点特征	密度对出行需求的影响				多元化对出行需求的影响		建筑垂直混合对交通影响		设计对出行需求的影响		街区模式对交通影响
		居住密度对公交出行影响		就业密度对公交出行影响		用地功能混合对交通影响				步行衔接性		
		居住密度(人/hm²)	公交出行比例(%)	就业密度(人/hm²)	公交出行比例(%)	用地混合熵	公交出行比例(%)	垂直混合度	比无垂直混合地块的周转量(车·公里)	辐射人口	平均路网间距(m)	比大尺度街区出行时间减少的比例(%)
1	居住办公混合区	120	30.0	376	12.6	1.32	27.9	0.61	10.84	12 336	217	11.6
2	文化会展区	0	0.0	367	12.0	1.34	28.2	0.23	4.15	12 364	188	12.2
3	商办综合区	0	0.0	675	30.5	1.36	28.6	0.23	4.05	12 723	186	12.3
4	商办综合区	0	0.0	897	43.8	1.31	27.6	0.45	8.04	19 017	154	12.3
5	科研服务区	0	0.0	413	14.8	1.57	33.1	0.20	3.52	7 789	204	11.9
6	滨水休闲综合区	0	0.0	469	18.2	1.07	22.6	0.22	3.92	13 265	193	12.1
7	商办休闲综合区	0	0.0	530	21.8	1.31	27.5	0.31	5.55	29 958	287	10.2
8	居住办公混合区	155	33.0	337	10.2	1.52	31.9	0.47	8.36	13 904	180	12.4
9	地铁换乘	420	38.0	148	5.0	1.35	28.4	0.08	1.47	4 816	164	12.7
10	商务办公区	0	0.0	675	30.5	1.17	24.6	0.35	6.20	9 533	164	12.7
11	文化会展区	0	0.0	288	7.3	1.58	33.3	0.15	2.68	8 148	278	10.4

4.3.3 适宜的用地混合度

上文从理论和实践上说明了用地混合可以减少机动化交通量及出行距离,下文将以苏、浙等地区城市为例,从土地利用和交通出行的相关性,试图探寻适宜的用地混合度范围。

4.3.3.1 土地利用混合度量化

大多数学者比较熟悉居住—就业平衡,其平衡混合程度如上文所述,经常用源于耗散理论的熵值来衡量(Frank,1994)[81],Cevero[80]在研究郊区就业中心时,也曾用熵来量化土地利用的平衡,模型如下:

$$\text{Mean Entropy} = \sum_{i=1}^{n} \frac{-\sum P_{ij}\ln(P_{ij})}{N} \quad (4.5)$$

公式中,P_{ij} 是第 i 个小区第 j 类用地所占比例,N 是交通小区的个数,J 是用地种类。

由于熵值与自然对数相关,一般分布在 0~1 之间。当衡量四类用地($J=4$),即居住、办公科研、工业、仓储用地的平衡混合时,熵值意义代表居住—就业混合熵,其值越高,说明居住—就业混合度越高。另一方面,当衡量四类用地($J=4$),即指居住、商业、服务业、公共绿地的平衡混合时,熵值意义则代表居住—商服混合熵。

本书选择苏、浙等地区的7个中等规模城市,常州、昆山、苏州、徐州、南通、铜陵、温岭为对象,划分交通小区若干,利用GIS抽取小区内的土地利用数据,各城市的居住—就业、居住—商服用地混合熵为每个交通小区熵的均值,如式(4.6)及表(4.9)所示。

表4.9 7个城市用地混合情况统计表

城市名称	人口(千人)	建成区面积(km²)	交通小区(个数)	密度(人/hm²)	居住—就业混合熵		居住—商服混合熵		人均道路面积(m²/人)
					均值	方差	Mean	S.D.	
徐州	950	70.37	81	135	0.65	0.43	0.7	0.29	12.91
苏州	1 250	107.76	116	116	0.63	0.38	0.73	0.24	14.1
昆山	510	43.59	20	117	0.56	0.37	0.74	0.38	15.86
铜陵	590	67.82	27	87	0.59	0.42	0.67	0.35	11.21
常州	550	50.93	43	108	0.43	0.38	0.69	0.24	11.3
南通	647	70.33	51	92	0.48	0.37	0.63	0.17	10.79
温岭	970	100	86	97	0.4	0.42	0.571	0.38	15.31
平均值	781	72.97	61	107	0.54	0.4	0.68	0.29	13.07

从表 4.9 看出,居住—就业混合熵分布在 0.4~0.65 之间,其中,徐州由于居住离就业分布近,其熵值最高,而温岭由于居住离就业分布较远,混合熵最低。而居住—商服混合熵分布在 0.57~0.7 之间,其中徐州、常熟、昆山、苏州的城市副中心或社区中心离住区较近,因此,这些城市居住—商服混合熵比均值要高,而较低的如南通、铜陵和温岭,单中心城市布局使得居住—商服混合熵较低。

为了比较混合熵与其他土地利用特征对出行距离的作用差异,本书还选取了人口密度与人均道路空间两项指标。人口密度分布在 87~135 人/hm², 徐州密度最高,达到 135 人/hm², 比均值 107 人/hm² 高 1.26 倍,相反,铜陵的密度最低,仅为 87 人/hm²。而人均道路面积,昆山高达 15.86 m²/人,南通最低,仅为 10.79 m²/人。

4.3.3.2 出行距离统计

在居民出行调查中,可以得到工作刚性与非工作弹性两种目的的出行时间与交通方式,而出行距离根据这些数据间接推断而来,如图 4.17 所示。

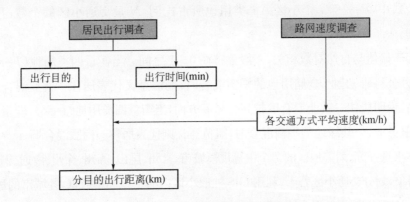

图 4.17 出行距离计算方法

表 4.10 7 个城市工作与非工作出行距离统计表

城市	交通方式	工作出行					非工作出行				
		方式划分(%)	出行时间(min)		速度(km/h)	出行长度(km)	交通方式	方式划分(%)	出行时间(min)		速度(km/h)	出行长度(km)
			平均值	标准差					平均值	标准差		
徐州	步行	15	16.1	11.6	3.8		步行	26	20.7	14.7	3.8	
	自行车	62	23.2	12.9	11.5		自行车	39	26.4	18.2	11.5	
	公交	16	36.4	17.1	19.4	5.8	公交	15	36.5	19.4	19.4	5.7
	小汽车	3	23.9	14.7	42.0		小汽车	6	25.1	17.5	42.0	
	摩托	4	23.5	13.7	31.0		摩托	4	23.6	19.4	31.0	

续表

城市	交通方式	工作出行					交通方式	非工作出行				
		方式划分(%)	出行时间(min)		速度(km/h)	出行长度(km)		方式划分(%)	出行时间(min)		速度(km/h)	出行长度(km)
			平均值	标准差					平均值	标准差		
苏州	步行	17	15.5	10.2	2.9	5.5	步行	49	22.5	10.7	2.9	4.9
	自行车	64	24.7	13.3	10.7		自行车	33	25.4	12.7	10.7	
	公交	7	48.4	13.3	17.5		公交	11	49.4	15.3	17.5	
	小汽车	4	38.1	16.6	34.8		小汽车	3	46.5	18.1	34.8	
	摩托	8	21.9	10.5	26.3		摩托	3	28.3	16.3	26.3	
昆山	步行	19	16.3	10.4	2.9	4.3	步行	66	16.8	9.0	2.9	3.0
	自行车	54	24.1	11.7	10.7		自行车	20	22.4	14.7	10.7	
	公交	6	35.9	11.4	17.5		公交	3	37.6	10.3	17.5	
	小汽车	8	32.8	7.1	34.8		小汽车	6	27.7	11.0	34.8	
	摩托	13	22.7	18.8	26.3		摩托	4	19.2	9.2	26.3	
铜陵	步行	55	20.8	14.4	3.0	4.6	步行	63	23.6	12.2	3.0	5.4
	自行车	15	23.8	14.5	10.7		自行车	9	23.9	13.3	10.7	
	公交	20	30.4	15.9	18.3		公交	12	39.9	16.3	18.3	
	小汽车	6	25.8	12.1	34.4		小汽车	9	37.9	19.4	34.4	
	摩托	4	16.6	6.2	27.5		摩托	7	23.9	16.1	27.5	
常州	步行	32	18.6	10.3	3.3	6.7	步行	52	27.3	16.2	3.3	6.1
	自行车	34	26.3	14.4	12.1		自行车	18	27.1	15.0	12.1	
	公交	14	35.0	15.3	15.5		公交	18	38.2	16.8	15.5	
	小汽车	8	36.0	20.0	39.5		小汽车	9	33.8	18.9	39.5	
	摩托	13	21.8	10.7	29.9		摩托	4	31.5	15.9	29.9	
南通	步行	6	19.4	13.6	2.8	7.3	步行	22	23.9	13.1	2.8	7.8
	自行车	55	25.0	14.0	10.4		自行车	37	26.0	14.0	10.4	
	公交	9	43.0	15.7	17.1		公交	14	44.7	17.3	17.1	
	小汽车	6	35.7	19.8	33.9		小汽车	11	35.9	17.3	33.9	
	摩托	24	24.9	13.9	25.6		摩托	15	27.9	17.3	25.6	
温岭	步行	7	15.4	8.9	3.2	7.6	步行	27	21.7	15.5	3.2	6.3
	自行车	41	23.1	9.3	11.7		自行车	34	21.3	13.2	11.7	
	公交	9	29.6	11.6	19.2		公交	15	31.6	14.3	19.2	
	小汽车	12	26.3	9.4	38.1		小汽车	13	25.1	11.8	38.1	
	摩托	31	18.9	10.3	28.8		摩托	11	18.2	13.3	28.8	

4.3.3.3 居住—就业平衡对工作出行距离影响模型

表4.11清楚表示了各土地利用特征值对工作出行的影响。其中,居住—就业平衡是最影响通勤出行的因子,居住—就业混合熵与公交和非机动车的方式选择(含步行与自行车)正相关,而与机动车方式、出行距离负相关。这是由于就业靠近住所可以缩减通勤距离,使得机动化减少,相应的交通方式将转向公共交通或者非机动车。根据本书的发现,居住—就业混合熵每增加10%,小汽车和摩托车的出行将分别减少2.18%和7.86%。相反,非机动车和公交的出行比例将增加8.4%和1.34%。所有这些将导致出行距离减少1.15 km。

人均道路空间的影响模型表明,每增加$10m^2$/人的道路面积将会使小汽车和摩托车的出行分担率分别增加7.47%和15.95%,而公交和非机动车的出行率将减少15.83%和8.67%,此模型结果也揭示出道路空间的增加将增加私人机动车主的驾车愉悦感。

本书研究发现,增加人口密度将会使非机动车的通勤比例增加,虽然此结论与其他研究(Milakis等,2005,2006)[104][105],相似,但结果进一步表明人口密度相比于居住—就业平衡,其对通勤出行的影响最小,因此密度在衡量土地利用对通勤出行行为的影响模型中,并不是一个重要因子。

表4.11 居住—就业平衡对工作出行距离影响模型

影响参数	非机动车方式选择	公交方式选择	小汽车方式选择	摩托车方式选择	出行距离
Const	14.975	26.317	14.107	46.183	11.819
	(0.697/0.535)a	(1.423/0.249)	(4.171/0.025)	(1.994/0.140)	(3.083/0.053)
密度	0.181	−0.011	−0.05	−0.103	0.024
	(0.907/0.431)	(−0.066/0.951)	(−1.616/0.204)	(−0.482/0.662)	(0.689/0.054)
居住—就业混合度	84.033	13.43	−21.898	−78.63	−11.542
	(2.671/0.075)	(0.496/0.654)	(−4.420/0.021)	(−2.318/0.103)	(−2.055/0.132)
人均道路空间	−0.867	−1.583	0.747	1.595	−0.177
	(−0.633/0.571)	(−1.342/0.272)	(3.462/0.041)	(1.079/0.359)	(−0.726/0.520)
R^2	0.838	0.457	0.945	0.781	0.618
F值	5.18b	0.844	17.216	3.559	1.62

a. t检验/显著性水平

b. 1%的显著性水平

4.3.3.4 居住—商服混合对非工作出行距离影响模型

如表4.12所示,居住—商服混合与非工作出行的相关性良好,伴随着居住—商服混合熵每增加10%,机动车交通方式将有16%转向非机动车。因此,出行距离将减少2.06 km。

人均道路空间对非工作出行的影响与通勤出行并不一致。特别之处在于,人均道路空间与非机动车利用正相关,而与机动车出行负相关。原因可能是因为步行环境的提高将促进非工作目的的步行出行。结果表明每增加10m² 道路空间,将使得非工作出行的机动车转移16%至非机动车。

同样,增加人口密度将使公交出行增加而机动车减少。有更高的人口密度意味着人们更倾向于使用公共交通,该研究与Newman和Kenworthy(1999)[106]等人的研究结果相似。

表4.12 居住—商服混合对非工作出行距离影响模型

影响参数	非机动车方式选择	公交方式选择	小汽车方式选择	摩托车方式选择	出行距离
Const	−52.666	61.159	44.481	50.542	22.723
	(−3.986/0.028)a	(3.762/0.032)	(4.876/0.016)	(2.894/0.063)	(6.516/0.007)
密度	−0.071	0.213	−0.033	−0.091	0.029
	(−0.841/0.462)	(2.051/0.132)	(−0.572/0.607)	(−0.812/0.476)	(1.321/0.278)
居住—商服混合度	158.794	−70.845	−46.184	−47.023	−20.651
	(7.108/0.005)	(−2.578/0.082)	(−2.994/0.058)	(−1.593/0.209)	(−3.502/0.039)
人均道路空间	1.923	−1.798	−0.117	−0.175	−0.484
	(3.536/0.038)	(−2.687/0.074)	(−0.313/0.774)	(−0.243/0.823)	(−3.375/0.043)
R^2	0.968	0.8	0.869	0.744	0.896
F值	30.671b	4.011	6.638	2.919	8.657

a. t检验/显著性水平

b. 1%的显著性水平

4.3.3.5 比较:谁影响出行距离更多?

从上述影响模型因子看出,用地混合是影响城市出行的关键因子。而居住—就业混合熵和居住—商服混合对出行距离的影响大小应当进一步比较,以分析两类混合对出行距离影响的贡献度 AI。如下式所示:

$$AI(出行距离)=\frac{工作出行距离×居住—就业平衡度对工作出行距离影响系数}{非工作出行距离×居住—商服混合度对非工作出行距离影响系数}$$

对于出行距离而言,居住—就业平衡对通勤出行距离的影响系数(-11.542)比居住—商服平衡对非工作出行距离的影响系数(-20.651)绝对值小44.1%。并且在7个调查城市中,通勤出行距离的均值为$6.0\,\text{km}$,非工作出行距离的均值为$5.6\,\text{km}$,因此,两类混合对出行距离影响的贡献度为0.598,意味着居住—就业平衡能比居住—商服平衡对出行距离减少的影响度小近40%。因此,首先保证居住—商服平衡对减少出行距离具有重要意义。

4.3.3.6 用地混合度阀值

从上文用地混合度和交通出行距离的相关模型中,本书试图探寻以短路径出行为目标的最佳用地混合度阀值(图4.18)。

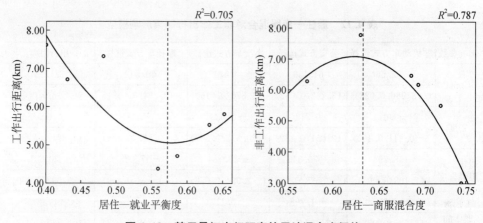

图4.18 基于最短出行距离的用地混合度阀值

在以工作为目的的出行时,出行距离与居住—就业平衡度呈现凹曲线,当平衡度由0.4增加到0.57时,工作出行距离由$8\,\text{km}$减少到$5\,\text{km}$,而当平衡度从0.57继续增加时,出现距离会出现小幅上升。可以发现居住—就业平衡度0.57为门槛值,按照95%的置信水平,适宜的居住—就业平衡度应维持在$0.54\sim0.61$范围,人们基于家的工作出行会在有限的空间内组织,缩短了通勤交通出行的距离,限制了机动车出行方式的选择。而超出此合理范围,出行距离会迅速增长。

而在以弹性为目的的出行时,出行距离与居住—商服混合度呈现凸曲线,当混合度由0.55增加到0.64时,工作出行距离由$6\,\text{km}$小幅上升到$7\,\text{km}$,而当平衡度从0.64继续增加时,出行距离则迅速减少,因此适宜的居住—商服混合度应大于

0.64,人们的文化娱乐、探亲访友、购物社交等活动在有限的空间内组织,缩短了弹性交通出行的距离,而小于此合理范围,出行距离会迅速增长。

4.4 效率优先的中心区街网模式转变

在3.3节中,本书基于交通效率最高为目标,建模推导出合理的道路网间距应保持在250～150 m之间。但由于道路网合理间距的确定是一个非常复杂的问题,涉及城市的文化传统、意识形态、经济发展水平和人们的合意程度,因此,本书进一步针对效率优先的路网间距,探讨与之对应的城市用地—街网一体化的设计模式。

4.4.1 "四角"与"边缘"模式

在中心区的路网用地结构形态上,城市规划师赵燕菁[56]从土地价值增值的角度出发,在保持道路建设投资不变的条件下,通过缩小断面尺度,加大路网密度的手段来改变地块尺度,提出适合产业发展和居住发展的用地发展模式。例如,首先将用地划成500 m的大地块,使得新的路网可以和已经形成的路网衔接,在这样的地块模式(类似于"单位大院")下,沿干路退后100 m左右的位置,布置第二条次级路网,形成井字形的地块内部路网体系,这个层次的路网主要是服务于两侧的商业设施,道路较窄,体现"街"的功能。在这个路网单元中,分为3种类型的地块,即"核心、边缘、四角"。核心区地块较大,有300 m×300 m,可开发居住或工业用地,而"四角"和"边缘"可用于开发商业及其他公共设施(图4.19,图4.20)。

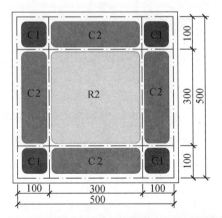
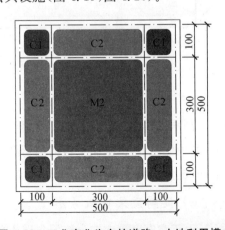

图4.19 居住产业为主的道路—土地利用模式　　图4.20 工业产业为主的道路—土地利用模式

该模式从土地利用的混合模式开发上说是成功的,那么从交通效率的角度来说,该模式是否也成功呢?通过分析发现,虽然道路的增加,能起分流作用,但是由于交叉口数量的增多引起总延误时间增大也会带来很大的弊端。因此在加密道路间距的同时,要充分利用小间距的绿波来减少交叉口延误时间。然而在上述模式中,干路上相邻交叉口的间距分别为 100 m、300 m,均不相同,运用绿波协调控制理论,由于干路上交叉口间距不相等,干路绿波带的宽度将受很大影响,尤其是干路的双向绿波更难实现。因此,从出行效率的角度来考虑,该模式并不是最优的。

4.4.2 高密度单向二分路网模式

在昆明呈贡新城规划[107]中,提出一种高密度单向二分路网模式:将传统的主干路(一般为双向 6 车道,60 m 宽的街道)改造成单向的两条间距在 250～150 m 之间的平行道路,并保证干路上相邻交叉口的间距也维持在 250～150 m 之间,如图 4.21 所示[107]。该模式优点如下:

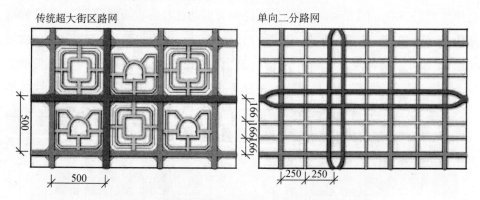

图 4.21 传统路网与高密度单向二分路模式比较图

1) 增加道路车道供给

高密度单向二分路增加了道路车道供给,传统超大街区南北向提供单向 9 车道,而相比之下,密集交叉口的高密度单向二分路网能提供 12 个车道,车道数量的增加,提供了更多的路径分散交通流,减少交通拥堵。

2) 提高交叉口服务水平

由于高密度单向二分路每条路上的交通量减少,因此其交通信号相位可减为两个相位,从而延长绿灯时间,使交叉口通行能力以及服务水平得到进一步提升,运用交通仿真分析工具——VISSIM 对比高密度单向二分路和传统主干道的运行状况,结果如表 4.13 所示。

表 4.13 传统主干路网和高密度单向二分路网结构对比[107]

指标	传统主干路	高密度单向二分路
行人横过马路距离	33 m	17.4 m
最小行人横穿时间	35.2 s	18.6 s
信号灯相位数	4~8	2~5
服务水平范围	E~F	B~E
服务水平在 E 和 F 的交叉口个数	100%	31%
主干道驾驶时间	8 min	6 min
车辆延滞时间	860 h	640 h
能源消耗	9 100 L	7 500 L
车辆穿越比例	91%	97%

3) 公共交通优势

在二分路中央,可设置公交专用道,使公共交通的运营效率随着整体路网运转效率的提高也得到提高,从而使得公交准点率提高,公交车的可靠性增强。

4.4.3 等间距路网模式

为利于道路直行的绿波协调控制,提高出行效率,本书提出一种等间距的路网模式,即沿干路的直行方向,按照相同的间距(间距范围控制在 250~150 m)布置道路,并保证干路上相邻交叉口的间距相同。

下文同样以 500 m 的大地块说明。图中绘出 500 m 大地块的 3 种增加道路的方法:在图 4.22 中,现状 500 m 的大地块被间距 250 m 的道路分割,形成 4 个大小相同的 200 m×250 m 的用地单元,适于布置规模较大的商业或居住类用地。在图 4.23 中,以 166 m 为间距,增加了 2 条支路,形成了 9 个 166 m×166 m 的用地单元,可以用于开发建设容积率较高的商业金融类单体建筑,而在图 4.24 中,分别在南北向和东西两方向按照 166 m 和 250 m 的间距增加道路,形成了 166 m×250 m

的矩形地块,适于建设规模适中、沿轴向布置的用地。

图 4.22 以 250 m 为间距增加道路

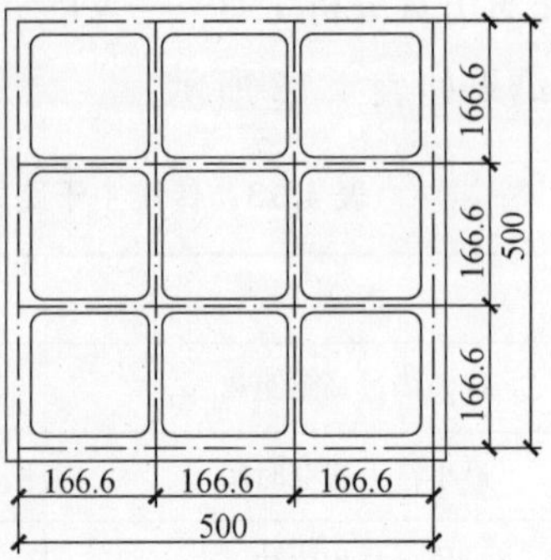

图 4.23 以 166 m 为间距增加道路

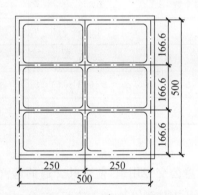

图 4.24 混合间距增加道路

  本书提出的新的中心区道路—用地模式(图 4.25),路网细而稠密,平均街区面积控制在 2.2~6.25 hm² 左右,与目前"大街区—宽马路—稀路网"的道路—土地利用模式相比,不仅在交通上能使出行效率提高近 20%[①],解决交通拥挤的问题,而且在用地布局方面,3 种尺度的用地单元很好地适应了市场经济下的多元需求特征,中心区呈现"高密度、小尺度街坊和开放空间"并存的城市街区形态,小尺度街道的供给也可营造人行的尺度和环境,增强中心区的活力。同时这些街道的增加是在城市已经形成的干道网的大地块基础上进行的,与现状路网能良好衔接,因此该模式具有很强的实践性。

---

① 3.3.4 节中结论:中心区 150 m 间距路网比 400 m 间距路网出行时间减少 19.8%。

第四章 交通导向下中心区空间发展模式

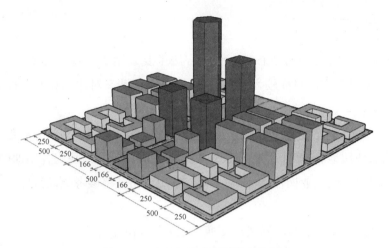

图 4.25 中心区城市设计意向(局部)

4.5 公共交通可达的中心区用地开发强度控制

在城市总体规划中城市的交通方式与交通网络得到基本确定,也就确定了城市不同区域公共交通可达性的强弱。以公共交通为导向的城市结构,鼓励大型城市公共设施集中的城市区域中心与公交枢纽的结合。改变以传统中心地理论指导的城市结构,转向多极网络嵌套理论。

但目前总体规划与控制性详细规划阶段,各级城市中心位置和开发强度的确定存在很大的随意性,并没有意识到以公共交通的可达性为依据的重要性,实际上城市建设中每个地块的容积率,都是与该地块及其周边地区及至整个城市基础设施的服务能力和承受能力密切相关的。如果单项地块的容积率过高超出其基础设施的服务能力和承受能力的限度,尽管开发商取得超额利润,但因其过度开发所造成的人口集中、交通拥挤等局部的问题会蔓延到到周边地区,使整个城市的运转效率趋于下降

因此为促进城市中心区经济、社会和环境和谐发展,有必要根据公共交通资源的承载力,控制土地适宜开发强度。这也是确定控制性详细规划指标的一个基本依据。

4.5.1 分析方法

交通承载力分析中的动态模型测试方法主要采用交通规划传统的四阶段模型,其理论基础和方法目前较为成熟,这里重点介绍动态对比测算的分析方法,具体分析步骤如下。

(1) 以大型公交站点(如轨道站点)500 m覆盖的地块范围为研究对象,根据测算地块内居住用地、各产业用地的占地面积、开发强度计算地块内各用地的建筑面积,居住人口指标、就业岗位指标,利用第三章用地出行率参考值,度量高峰时段交通产生、吸引的强度。

(2) 根据总体规划确定的城市交通发展策略和城市客运交通结构等内容,预测轨道交通、快速公共交通BRT、常规公共交通的承担比例,以确定未来年各公共交通方式的出行量。

(3) 依据上位规划确定的规划年城市公共交通设施专项规划方案,计算地块内的公共交通承载力。

(4) 获取地块内公共交通产生、吸引度量值与交通承载力的比值(简称G值和A值)。

(5) 比较各测算小区的G值、A值与合理值的关系。若高于合理区间,降低相应用地的开发强度或增加测算小区内交通供给能力,促使二者空间分布相协调。

4.5.2 案例分析

南大街地块节点位于老城中心核心范围内,如图4.26所示,集中了老城中心内的主要商业服务业用地,主要有购物中心、泰富广场、南大街商业步行街、新世纪商城等,同时瞿秋白故居等历史文化点、人民公园等公共旅游点也在该地块。

公共交通体系上,BRT1号线在此处设置一处站点,另外常规公交较为密集,有27条线路汇集于该地块,公交线密度达到5.5 km/km^2。因此在该地块度量公共活动中心与公共交通的协调度具有重要意义。

图 4.26　南大街地块区位及现状用地分析图（参见书末彩图）

4.5.2.1　现状土地开发与公交承载力的矛盾

1）现状用地强度与交通生成

　　城市土地利用存在着过高强度开发的倾向，表现为高容积率、高密度地进行开发，主要体现在公共设施用地和居住用地，见表 4.14。公共设施用地占据了 55.32% 的用地，商业商务成为主导功能。中心区公共设施用地主要由商业用地（27.03%）、商业—办公混合用地（8.15%）、底商住宅用地（6.94%）构成。公共实施用地开发强度较大，容积率均值为 3.4，尤其是商业—办公混合用地容积率高达 4.5，居住用地占据了 15.34%，其中夹杂着较多的城中村用地（6.94%），影响地块开发强度的提升。而工业、仓储等共功能已被置换出中心区范围。

　　交通生成可根据各用地出行率参考值预测全方式高峰小时出行量，而常规公交、BRT 在方式构成中比例根据现状调查，2010 年现状 BRT 出行比例为 5%，常规公交为 15%，具体见表 4.15。

表 4.14 常州中心区南大街地块现状开发强度与公交出行量

用地代码			用地性质	用地面积(hm²)	百分比(%)	容积率均值	建筑面积(百平方米)	交通生成(人次/高峰小时)	BRT出行(人次/高峰小时)	常规公交出行(人次/高峰小时)
R			居住用地	9.84	15.34%	1.6	1 589.1	8 108	324	1 216
	R2		二类居住用地	3.91	6.10%	2.5	977.5	4 344	174	652
	R4		四类居住用地	3.97	6.19%	0.8	317.6	3 176	127	476
	R22		中小学用地	1.96	3.06%	1.5	294	588	24	88
C			公共设施用地	35.49	55.32%	3.4	12 104.5	278 015	11 121	41 702
其中	C1		行政办公用地	0.71	1.11%	2.5	177.5	559	22	84
	其中	C11	市属办公用地	0.5	0.78%	2.5	125	375	15	56
		C12	非市属办公用地	0.21	0.33%	2.5	52.5	184	7	28
	C2		商业金融用地	19.59	30.54%	3.5	6 868.2	248 232	9 929	37 235
	其中	C21	商业用地	17.34	27.03%	3.5	6 069	242 760	9 710	36 414
		C22	金融用地	0.69	1.08%	4.8	331.2	1 325	53	199
		C24	服务业用地	0.71	1.11%	3.0	213	1 598	64	240
		C25	旅馆业用地	0.85	1.33%	3.0	255	2 550	102	383
	C1—C2		商办混合用地	5.23	8.15%	4.5	2 353.5	12 944	518	1 942
	C2—R2		底商住宅用地	4.45	6.94%	2.8	1 246	12 460	498	1 869
	C3		文化娱乐用地	2.22	3.46%	4.0	888	2 664	107	400
	C5		医疗卫生用地	0.52	0.81%	2.2	114.4	458	18	69
	C6		教育科研	1.53	2.39%	2.5	382.5	574	23	86
	C7		文物古迹用地	1.24	1.93%	0.6	74.4	124	5	19
S			道路广场用地	12.1	18.86%	—	—	—	—	—
	S1		道路用地	10.3	16.06%	—	—	—	—	—
	S2		广场用地	0.6	0.94%	—	—	—	—	—
	S3		社会停车用地	1.2	1.87%	—	—	—	—	—
U			供应设施用地	1.08	1.68%	0.8	86.4	43	2	6
	U1		市政公用设施用地	1.08	1.68%	0.8	86.4	43	2	6
G			绿地	6.04	9.42%			604	24	91
	G1		公共绿地	6.04	9.42%			604	24	91
500 m范围内城市建设用地				64.15	100.00%	2.1	13 780	286 770	11 471	43 016

表 4.15　常州市交通方式结构现状及发展预测

交通方式	1994年	2001年	2010年	2020年
步行	21.79	17	25	17～19
自行车	66.18	41.42	33	25～30
摩托轻骑	5.27	27.9	8	3～5
公共汽车	2.36	6.5	15	17～19
BRT	—	—	4	11～13
私家车	—	2.03	10	12～16
出租车	—	0.95	3	2～4
其他	4.4	4.2	2	2
合计	100	100	100	100

2) 现状公交承载力

公交承载力计算模型如下：

$$U = m \times n \quad (4.7)$$

式中：U 为一条公交线路的运送能力（人/h）；n 为发车频率（辆/h）；m 为车辆的额定载客数，为座位数加规定的站立人数，单节车72人，BRT铰接车辆160人。

根据上式计算，普通公交线路高峰小时每2 min发一班车，频率为30辆/h，则每条公交线路运送能力达到2 100人/h。现状南大街地块共有27条常规公交线路汇集，则该地块内常规公交承载力为56 700人次/h。

BRT高峰小时每1 min发一班车，频率为60辆/h，则每条BRT线路运送能力达到10 000人/h。现状南大街地块有1条BRT线路，则该地块内BRT承载力为9 000人次/h。

3) 现状土地开发强度与公共交通承载力的比值区间

进行街区土地开发强度与交通承载力对比分析，获取地块内公共交通产生、吸引度量值与交通承载力的比值（简称 G 值和 A 值）。当 $G/A < 0.7$ 时，说明开发强度适宜，在 0.7～0.8 之间，强度较高，而 $G/A > 0.8$，则公交支撑力严重不足，强度过高。

表 4.16　常州中心区南大街地块现状开发强度与公交承载力比值区间

	交通生成 G（人次/h）	公交承载力 A（人次/h）	G/A	状态
BRT	11 844	10 000	1.18	强度过高
常规公交	44 416	56 700	0.78	强度较高

从表 4.16 看出，由于现状仅有一条 BRT 线路，大运量快速公交承载力明显不足，BRT 可达性的降低阻碍了中心区的发展，现状土地开发与公交承载力的矛盾较为突出。

4.5.2.2　土地开发与公交承载力协调控制

由于现状土地开发与公交承载力的矛盾较为突出，因此协调土地开发与公交承载力主要通过以下几个方面:① 增加公共交通服务设施(BRT 或轨道交通建设);② 调整用地布局;③ 降低土地开发强度。

1) 增加公共交通设施

根据常州市轨道交通线网规划和相关配套规划,该地块将增加轨道交通 2 号线,从红星分区的怀德中路进入本分区,路线沿怀德北路及延陵路,设南大街轨道交通站。预计 2020 年轨道、BRT 方式构成将达到 12%,地块大运量公交(含轨道、BRT)承载力将达到 5 万人次/h。

对于地面常规公交,通过完善地块内公交结构,增加公交线路由 27 条增至 35 条,以提高常规公共交通方式承担的出行比例增至 18%,从而为居民提供"安全、方便、迅速、准点、舒适"的乘车条件,充分发挥公共交通在城市社会经济发展中的重要作用。

2) 用地置换

地块内可更新用地选择五层以下、建筑质量和风貌较差的用地(已划定的历史街区、文物保护单位除外)以及已经出让用地,以 R4 内居住用地为主,面积共为 7.8 hm²。

当前,地块内商务办公的用地规模远低于城市商业用地,按照常州自身的经济总体规模(主要以城市的 GDP 总量为标准)以及第三产业的发展水平,常州中心区的商务商贸开发总量偏低,这意味着在未来的中心区或旧城更新中应提高进一步提高商务商贸用地的规模及开发量。在未来核心区以及中心区的城市产业更新中,产业的更新应增加商务功能,其功能置换的主要方向是商业办公混合用地,同时为改善生态环境,增加公共空间的绿化用地。

3) 开发强度控制

在增加轨道交通的公交承载力、R4 用地更新置换为商业办公混合用地条件下,随着商办混合用地容积率的不断增加,其公共交通生成与公交承载力比值(G/A)变化如图 4.27 所示。以 $G/A<0.7$ 的合理区间为约束,则 C1—C2 容积率需控制在 5.0 之内,而地块内其他用地的容积率控制如表 4.17 所示,平均容积率达到 2.6 以内,以保障土地开发与公交承载力的协调控制。

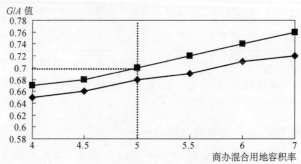

图 4.27 商办混合用地容积率与 G/A 值敏感性分析

表 4.17 常州中心区南大街地块规划开发强度与公交承载力的协调控制

用地代码			用地性质	用地面积(hm²)	百分比(%)	容积率均值	建筑面积(百平方米)	交通生成(人次/高峰小时)	BRT出行(人次/高峰小时)	常规公交出行(人次/高峰小时)	备注
R			居住用地	5.87	9.15%	2.4	1 388.8	5 454	654	982	R4被置换
其中	R2		二类居住用地	3.91	6.10%	2.8	1 094.8	4 866	584	876	保留
		R22	中小学用地	1.96	3.06%	1.5	294	588	71	106	保留
C			公共设施用地	39.06	60.89%	3.9	15 425.8	289 363	34 724	52 085	
其中	C1		行政办公用地	0.21	0.33%	2.5	52.5	184	22	33	C11被置换
		C12	非市属办公用地	0.21	0.33%	2.5	52.5	184	22	33	保留
	C2		商业金融用地	16.9	26.34%	3.9	6 673	239 928	28 791	43 187	
	其中	C21	商业用地	14.65	22.84%	4	5 860	234 400	28 128	42 192	更新调整
		C22	金融用地	0.69	1.08%	5	345	1 380	166	248	保留
		C24	服务业用地	0.71	1.11%	3	213	1 598	192	288	保留
		C25	旅馆业用地	0.85	1.33%	3	255	2 550	306	459	保留
	C1—C2		商办混合用地	11.99	18.69%	5	5 995	32 973	3 957	5 935	增加
	C2—R2		底商住宅用地	4.45	6.94%	2.8	1 246	12 460	1 495	2 243	保留
	C3		文化娱乐用地	2.22	3.46%	4	888	2 664	320	480	保留
	C5		医疗卫生用地	0.52	0.81%	2.2	114.4	458	55	82	保留
	C6		教育科研用地	1.53	2.39%	2.5	382.5	574	69	103	保留
	C7		文物古迹用地	1.24	1.93%	0.6	74.4	124	15	22	保留
S			道路广场用地	12.1	18.86%	—	—	—	—	—	保留
其中	S1		道路用地	10.3	16.06%						
	S2		广场用地	0.6	0.94%						
	S3		社会停车用地	1.2	1.87%						
G			绿地	7.12	11.10%			712	85	128	增加
其中	G1		公共绿地	7.12	11.10%			712	85	128	
500 m范围内城市建设用地				64.15	100.00%	2.6	16 814.6	295 529	35 463	53 195	

调整前后用地布局对比图如图 4.28 所示。

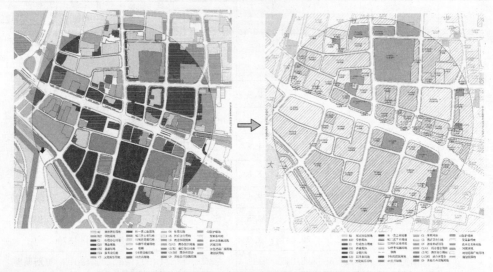

图 4.28 调整前后用地布局对比图（参见书末彩图）

4.6 客流出行特征为导向的城际铁路地区空间发展模式

当前，为适应城市群发展进程带来的交通量持续增长的需要，建立现代化城际铁路成为国家综合交通体系的重要内容。随着城际铁路的建设，将会为中心区的城铁地区发展带来难得的发展机遇，对其周围的空间发展带来触媒作用，引发该地区新的发展和转型，主要表现为以下方面：

（1）产业转型——由于城际铁路是"公交运营化"的铁路，传统的产业将面临新的转型，形成城市新的产业功能区。

（2）功能优化及用地布局调整——产业转型优化地区功能结构，可对用地布局带来调整。

（3）开发强度增加——地区人口集聚和交通可达性的提高，引起开发强度的增加。

研究出行特征引导的中心区城铁地区空间触媒机制，目的是平衡地区发展的集聚性和交通设施的便捷性，一方面使地区产业、功能满足由城铁的大量客流带来的发展需求,另一方面使交通设施能快速疏散由地区发展带来的高强度集聚人群。因此,本书将通过调查分析与城际铁路客流相类似的沪宁动车组旅客对站点设施的需求及其出行特征,探讨这些出行特征对城铁站场地区在产业转型、用地功能及布局、开发强度等方面的发展触媒机制及理论,并以沪宁铁路常州站为例进行实证研究。

4.6.1 以客流需求为导向的产业发展策略

国外针对铁路车站地区的产业发展问题已积累了一定的经验,如在法国里尔地区,随着1993年巴黎至里尔高速铁路的建成,里尔实现了转型,但各产业用地发挥效应并不均一[108],如购物综合体、会展中心、住宅的运作都非常好,但办公和教育中心的产业效应并没有按规划师希望的实现,尤其是办公部分,只使用了49%,一些金融类的办公用地出租率很低。因此,一方面需要汲取里尔的经验,另一方面要避免盲目更从,并结合城市特点,从车站的旅客客流需求入手,研究城铁车站的客流对各产业的需求量,从而探讨城铁地区的产业转型方向。本书依托沪宁交通走廊的建设发展契机,虽然目前沪宁城际铁路尚未建成,但伴随着沪宁动车组的运行,沪宁线车站的服务对象逐渐转化为以短途客流为主,出行面向沪宁及长三角区域,其特征与城际铁路站点有较大的相似之处。因此通过调查沪宁动车组旅客对站点周边设施的需求(本研究发放问卷共计200份),有助于掌握未来城际铁路建成后周边产业的发展类别及方向。

调查将旅客分为出发和到达两类,由于前者是起,后者是讫,调查结果显示两类客流对站点周边的设施需求相异,如表4.18、表4.19所示。

表4.18 出发客流对站点周边的设施需求

出发需求	住宿	旅游服务	餐饮	商业购物	商务办公	娱乐	换乘	信息交流	银行服务	科研教育	物流	总和
比例(%)	6	2	20	16	1	3	26	17	5	0	3	100

表4.19 到达客流对站点周边的设施需求

出发需求	住宿	旅游服务	餐饮	商业购物	商务办公	娱乐	换乘	信息交流	银行服务	科研教育	物流	总和
比例(%)	12	13	10	4	17	1	21	11	4	2	4	100

根据本调查显示,乘客出行或到达一个城市前,对站点周边的设施需求主要集中于餐饮、商业、换乘、信息交流及咨询等方面。到达旅客的需求则主要集中在住宿、旅游服务、餐饮、商务办公、换乘、信息交流与咨询等方面,而对娱乐、银行服务、科研教育、物流等产业的需求不大。与传统的铁路车站相比,城铁车站的客流在对商务办公、信息交流与咨询等与商务交流相关的产业需求有较大增长,而对物流运输的需求有大幅度下降。

因此,以客流需求为导向的城铁车站地区产业发展应将原来传统的低端生活性服务业向与商务目的相关的高端生产性服务业转型,重点发展交通换乘、商务办公、信息交流产业,同时完善车站餐饮、旅游服务、特色商业、住宿等配套产业,而娱乐、银行服务、科研教育、物流批发、文化会展等产业由于城铁旅客客流对其需求不大,与车站旅客的关联度不高,规模可适当缩小,或可作为城市功能对站场地区外围的空间发展进行补充。

4.6.2 以出行距离为导向的圈层用地布局

在确定了城铁地区直接带动的产业发展方向后,产业在空间的分布成为关键。圈层理论曾指出,各功能区会以车站为中心,按照其与站点的距离为半径呈现"圈层"拓展特征[109]。但对比国内外部分铁路站场实例,各站的圈层规模尺度呈现不同程度的差异[110][111][112],由于现有研究尚不完善,定性理念探讨居多,缺乏一致认同的定量研究。因此,本节将在对旅客前往各产业设施的出行方式与忍受时间的意愿调查基础上,通过分析旅客的出行距离特性,研究站场地区空间圈层规模、产业的空间分布特征及其相关联的用地布局。

4.6.2.1 出行距离与圈层规模

在旅客前往各产业设施的出行过程中,其选择的出行方式主要为步行、公共交通、私人交通三类,由于三类交通方式的出行特性不同,其所忍受的出行时间和承担的出行距离也各异。旅客的忍受出行时间调查显示(图4.29~图4.31),对旅客而言,由于行李负载,去周边设施的步行忍受时间分布在6~12 min之间,均值为9.72 min,按照步行速度4 km/h[113]计算,步行承担的平均出行距离约为600 m,即在0~600 m范围内是步行适宜出行距离。而对于乘公交车的旅客,其出行忍受时间分布在12~19 min之间,均值为14.65 min,考虑公交车辆上下客及交叉口延误,大概可行驶3站地,约1 500 m的车程,故旅客选择公交的平均出行距离为

1 500 m，即 600～1 500 m 范围是公交适宜出行距离。对于私人交通，其出行忍受时间分布在 15～20 min 之间，均值为 17.47 min，考虑站场地区交通流密集带来的延误及车辆停取时间，大概是 3 500 m 的车程，因此旅客选择私人交通的平均出行距离为 3 500 m，即 1 500～3 500 m 是私人交通的适宜出行距离。

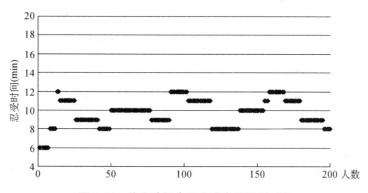

图 4.29　旅客选择步行方式出行忍受时间

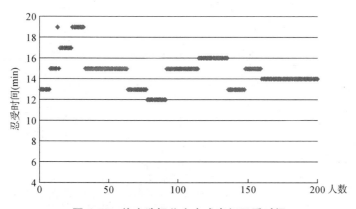

图 4.30　旅客选择公交方式出行忍受时间

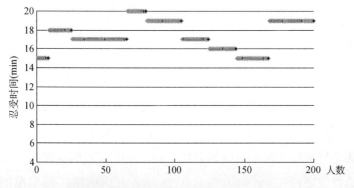

图 4.31　旅客选择私人交通出行忍受时间

为了保证旅客可以用各种交通方式以最短的时间获得最便利的服务,本书按照各交通方式适宜的出行距离与车站地区服务功能的圈层分布半径相对应,从各交通方式承担的出行距离角度将车站枢纽对地区的影响划分成3个圈层,第1圈层即旅客选择步行的适宜出行距离,相当于0~600 m 的范围;第2圈层为旅客选择公共交通的适宜出行距离,即600~1 500 m 的范围;第3圈层为旅客选择私人交通的适宜出行距离,即1 500~3 500 m 的范围,出行距离与圈层规模的对应关系如表4.20所示。

表4.20 旅客出行距离与圈层规模对应关系

交通方式	平均忍受时间(min)	适宜出行距离(m)	对应圈层
步行	9.72	0~600	1
公共交通	14.65	600~1 500	2
私人交通	17.47	1 500~3 500	3

4.6.2.2 出行距离与产业空间分布

根据旅客在前往各主要产业设施出行过程中所选择的交通方式比例构成调查(表4.21),可研究旅客对产业需求的空间分布特征,从而为产业空间布局提供依据。

表4.21 以各产业为目的的出行中旅客选择的交通方式比例调查(%)

交通方式	主要产业分类						对应圈层
	住宿	旅游服务	餐饮	商业	商务办公	信息交流	
步行	58	96	81	33	22	54	1
公共交通	27	2	4	34	40	17	2
私人交通	15	2	15	32	38	29	3
总计	100	100	100	100	100	100	

住宿:旅客在以住宿为目的的出行中,人们主要选择步行出行,占据58%,而公共交通居中占27%,私人交通较少占15%。依据前述分析的旅客选择各交通方式的出行距离与圈层规模相对应的方法,可推断有58%的客流在0~600 m 的第一圈层内选择住宿,有27%的人在600~1 500 m 内的第二圈层范围住宿,而有

15%的客流在1 500~3 500 m的第三圈层内住宿,旅客对住宿的需求在空间上呈现由中心向外逐渐减少的特点。

旅游服务:对于旅客而言,人们绝大部分选择步行方式来满足其对旅游服务业的需求,有占96%的客流在0~600 m的第一圈层范围内选择旅游服务。这也说明旅客对旅游服务业的需求在空间上表现为向内集聚的特征。

餐饮:从出行方式构成来看,旅客在以餐饮业为目的的出行中主要选择步行和私人交通方式,公共交通较少,有近81%的客流选择在第一圈层内就餐,另有15%的客流由于对环境、质量等要求较高,选择在第三圈层的远距离就餐。而在第二圈层距离内就餐客流仅占总数的4%。这进一步说明旅客对餐饮的需求在空间上呈现两头分布,主要在内,中间较小的哑铃型分布特点。

商业购物:旅客在以商业购物为目的的出行中,选择步行、公共交通、私人交通三种方式比例均大致相同,各占1/3左右,各距离区间出行需求近乎相同,这表明商业购物需求在空间上呈现由中心向外均质分布的特征。

商务办公:旅客在以商务办公为目的的出行中,主要选择公共交通、私人交通,而步行方式比例稍小。有近22%的客流在第一圈层内办公,在第二圈层和第三圈层范围内办公的客流差不多均等,分别为40%和38%,商务办公的需求在空间上呈现外大内小的特点。

信息交流:旅客在以信息交流为目的的出行中,选择步行占据54%,其次为私人交通29%,公共交通较少19%。说明有近一半的客流在第一圈层内寻求信息交流服务,另有29%的客流在第三圈层距离内选择信息交流,而在第二圈层内客流较少,占19%,信息交流服务业在空间上分布特点与餐饮业大致相同,即两头分布,中间较小的哑铃型特点,所区别的是信息交流在内圈层的集聚性比餐饮略小。

4.6.2.3 出行距离与用地布局

根据上述的出行距离与产业需求的关联性,将各种产业在空间上的分布特征与城市建设用地对应转换,可以对枢纽地区用地功能及布局提供规划依据,建立以客流出行距离为导向的车站地区用地规划理论。

综合交通换乘:综合交通换乘是实现客流从车站到城市的重要设施。换乘设施主要包括公交车站、轨道站点(交通设施用地)以及停车场、广场(道路广场用地)

等。为了实现各交通方式间的零距离、一体化换乘,交通综合体是城铁车站站房的发展方向。因此,交通设施用地 U 和道路广场 S 类用地应布局在步行的适宜范围内,即第一圈层。

住宿:由于旅客对住宿的需求在空间上呈现由中心向外逐渐减少的特点。因此在第一圈层,重点建立以满足普通旅客的经济酒店类商业用地,在第二圈层,适当分布包括酒店式公寓、星级宾馆类商业用地。在第三圈层,酒店、宾馆较前两圈层有大幅减少,相反由于城铁车站边际效应而带来城市功能拓展的城市居住社区类居住用地有大幅增加。

旅游服务:对于在空间上表现为内聚特征的旅游服务业,承载旅游服务业的商业用地应集中在第一圈层,满足旅客旅游咨询,旅游服务等功能。

餐饮:由于旅客对餐饮的需求在空间上呈现两头分布的哑铃型分布的特点。因此在第一圈层,重点建立以满足普通旅客的快餐饮食店为主体的商业用地,在第三圈层,建立少量以高档餐饮、特色餐饮等为主体的商业用地,而第二圈层的餐饮类商业用地较为稀少。

商业:由于旅客的商业购物需求在空间上呈现由中心向外均质分布的特征。故从第一层至第三层均匀分布购物类商业用地。区别在于,在第一圈层重点布置特色商品购物、超市类商业用地,第二圈层可布置市场用地,第三圈层可主要布置高档商业购物以及为城市居住社区服务的社区购物等商业用地。

商务办公:由于旅客对商务办公的需求在空间上呈现外大内小的特点。因此在第一圈层可布置与车站站务管理相关的办公等商业用地,且占地较少。大部分商务办公用地主要集中在第二和第三圈层,类型可包括总部基地、分支机构、创业机构、创意产业等。

信息交流:针对旅客对信息交流的需求呈现两头分布,中间较小的哑铃型空间分布特点。因此在第一圈层重点布置为旅客服务的媒体信息服、物流信息等商业用地,在第三圈层布置为商务办公中信息交流服务的商业用地。

本节建立的以城铁车站旅客出行距离为导向的用地功能及布局(表 4.22),不仅可满足城铁旅客出行需求,而且可以疏散城市功能,吸引城市人口在车站地区就业、居住,成为城市片区发展的催化剂和生长点。

表 4.22 以出行距离为导向的圈层用地布局

主要产业需求	产业空间分布特征	用地功能及布局			
		对应用地类型	第一圈层 (0~600 m)	第二圈层 (600~1 500 m)	第三圈层 (1 500~3 500 m)
综合交通换乘	中心内聚集	T\S	公交车站、轨道站点以及停车场、广场	—	—
住宿	服务旅客的住宿呈中心向外逐渐减少,而城市功能的居住社区呈中心向外逐渐增加	R2\C25	经济酒店	酒店式公寓、星级宾馆	居住社区
旅游服务	中心内聚	C24	旅游咨询	—	—
餐饮	两头分布的哑铃型	C24	快餐饮食店	—	高档餐饮、特色餐饮
商业	中心向外均质分布	C21	特色商品购物、超市	市场用地	高档商业购物、社区商店
商务办公	外大内小	C23	车站站务管理办公	总部基地、分支机构、创业机构、创意产业	总部基地、分支机构、创业机构、创意产业
信息交流	两头分布,中间较小的哑铃型	C23	媒体信息物流信息服务	—	商务信息交流

4.6.3 以交通供给为导向的开发强度

一个场所若有很好的可达性,将吸引商业、住宅和其他设施的集聚,功能集聚的同时也会相应带来交通量的增长。当交通量增长到容量难以承载之时,影响了交通可达性,将造成城市功能不能继续增长。对于火车站地区,一方面城铁的开通又使该站场地区迎来成为城市门户地区的发展机遇,其应城市功能集聚而产生的交通量也就越大,另一方面由于车站地区汇集对外交通、市内交通于一体,使有限的交通承载力变得更为紧缺。因此为了使城市功能价值的聚集性和节点交通价值的便捷性达到平衡的优化值,以交通承载力[114]作为约束,确定该地区城市功能的聚集强度具有十分重要的意义。

火车站地区的道路资源承载着包括过境交通、枢纽吸发交通、周边用地吸发交通在内的三种类型交通流。其中过境交通是指起讫点不在火车站地区,穿越而过的交通量;枢纽吸发交通指城铁站与城市进行交换的到发旅客量;而周边用地吸发交通指因用地开发而引起的交通量,它是由用地强度来决定的,强度越高,用地吸发交通越大,反之则小。因此判定开发强度的适应性方法可分为以下六个步骤:

(1) 根据铁路部门在规划年预测的火车站年客运量,按照旅客的交通结构,测算规划年高峰时段各条道路所承担的枢纽吸发交通量。

(2) 通过现状观测各条道路上的过境交通,根据机动化水平的增长趋势,预测规划年各条道路所承担的过境交通量。

(3) 以城市道路围合的地块(街区)为研究对象,根据测算内部居住用地、各产业用地的开发强度计算各小区内的居住人口数和就业岗位数,以此度量高峰时段各用地发生的交通量。

(4) 依据上位规划确定的规划年城市道路网络规划方案,计算各街区内的交通承载力。

(5) 将路段上的三类交通量即枢纽吸发交通、过境交通、用地发生交通累加求和,通过其与交通承载力的比值即路网饱和度,判定开发强度的适应性。根据文献[115]的研究,当饱和度>0.8,说明开发强度过高,而当饱和度<0.43,则说明强度较低,若饱和度在 0.42~0.8 之间,表明开发强度适中。

(6) 若开发强度过高,可通过降低相应用地的开发强度减少用地吸发交通,促使交通的供给满足用地开发带来的交通需求;若开发强度较低,在满足开敞空间、景观视线、环境舒适性等情况下,可适当提高强度,以优化城市效益。

4.6.4 案例

常州是沪宁交通走廊的重要节点,本节以沪宁铁路常州站为例,运用上述理论与方法进行实证研究,以探讨交通对城铁地区在产业转型、用地功能及布局、开发强度的发展触媒机制。

4.6.4.1 现状

常州火车站位于常州旧城区东北向,规划的火车站地区总用地面积为 9 km²。现状火车站地区问题主要表现在:① 产业老化,主要集中在低端的车站配套服务产业以及物流批发;② 用地布局圈层特征不明显,由铁路分割造成靠近城市中心的南片用地混合发展,而铁路北侧发展缓慢,存在大量的村镇用地;③ 开发强度与交通承载力不匹配,铁路南侧高强度开发与交通设施不足造成拥堵严重,相反铁路北侧低强度闲置却造成大量的交通建设浪费(图 4.32)。

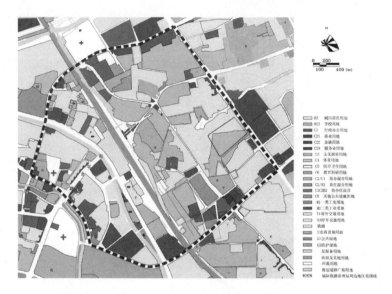

图 4.32 常州火车站地区用地现状(参见书末彩图)

4.6.4.2 产业策略

伴随着沪宁城际铁路的建成,将引发该地段的产业发展和转型。研究案例通过调查与城铁客流相类似的沪宁动车组旅客出行需求,对产业的发展方向进行指引,提出应将原来传统的低端生活性服务业向与商务目的相关的高端生产性服务业转型,重点发展交通换乘、商务办公、信息交流产业,同时完善车站服务如餐饮、旅游服务、特色购物、住宿等配套产业。

4.6.4.3 用地布局

案例依据上文总结的以出行距离为导向的圈层用地布局理论,对该地区由一般地段转为核心城市功能区所引起的用地转变进行前瞻的规划,如图 4.33 所示。

4.6.4.4 开发强度

在传统的控规[116]编制中,开发强度主要由空间结构与用地性质布局来决定,与交通承载力的适宜性并未做深入的研究。结合本书的方法,运用交通供给的承载力,可进一步对各街区初定的居住用地开发强度、产业用地开发强度合理性进行判定(图 4.34,图 4.35),并对开发强度进行前瞻控制。

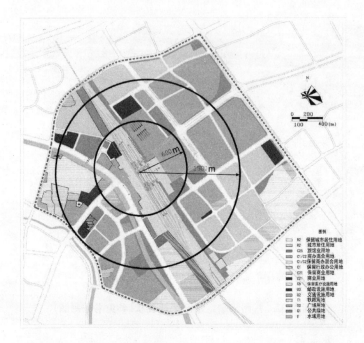

图 4.33　常州城铁车站地区用地规划布局图(参见书末彩图)

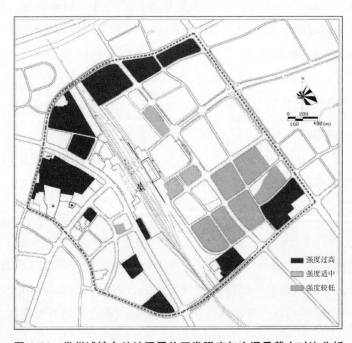

图 4.34　常州城铁车站地区居住开发强度与交通承载力对比分析

第四章 交通导向下中心区空间发展模式

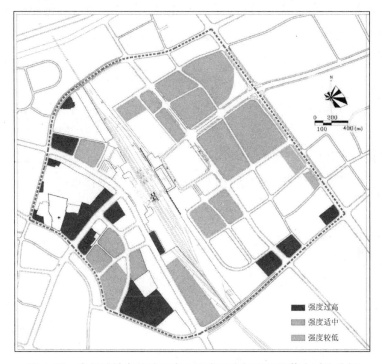

图4.35 常州城铁车站地区产业开发强度与交通承载力对比分析

通过分析居住开发强度、产业开发强度与交通承载力对比分析结果，可提出协调土地开发强度与交通承载力关系的具体建议。对于开发强度过高的街区，可以通过以下措施来改善：① 降低土地开发强度；② 增加道路网密度、提升道路等级；③ 增加公共交通服务设施（BRT或轨道交通建设）。

4.7 本章小结

基于第三章理论研究揭示的交通对空间影响的作用机制，以常州中心区为案例，从新旧组团交通可达下空间区位提升、交通导向下空间结构发展趋向、短路径出行的用地混合重组、效率优先的街网模式转变、公共交通可达的用地强度控制、客流出行特征导向的城铁触媒模式六大方面提出我国可持续发展的综合交通导向下的城市空间规划发展模式。

（1）新旧组团交通可达下空间区位提升：在3.1节的理论基础上，以常州中心区对外交通为案例，对比对外交通现状与改善后，对外可达性的增加以及其带来的改善前后区位优势度影响,通过前后优势度的比值 LP_1/LP_2,量化相对提升度,并对不同模型参数以及不同改善通道方案对相对优势度变化的敏感性进行分析,以定量反映区位与对外交通的相关关系。

(2) 多模式交通主导下空间结构发展趋向:根据各交通设施对中心区空间结构的影响机制差异,对常州未来居住区、公共服务区、产业区空间结构发展模式及趋向进行了研究,未来居住区空间结构将向外扩展,在快速路、BRT、轨道交通导向下形成外围居住片区和产业配套居住区。未来公共服务空间结构将表现为:老城中心公共服务区将继续集聚形成核心 CBD,而随着新交通体系框架的拉开,将形成多中心体系。未来产业区将从中心区疏散,在高速公路导向下,形成工业组团,并在大运量公共交通导向下,建立产业配套居住区,实现"工宿平衡"。

(3) 在短路径出行导向的用地混合重组:在对混合熵对出行需求影响理论进行梳理,借鉴香港及广州花都 CBD 轨道站点混合用地轨道站点周边混合用地成功案例基础上,通过对我国苏、浙 7 个城市用地混合度与出行距离数据分析,阐述居住—就业平衡对工作出行距离,居住—商服对非工作出行距离影响机理,挖掘用地混合度值,以提出常州中心区适宜的用地混合度范围,即适宜的居住—就业平衡度应维持在 0.54~0.61 范围,居住—商服混合度应大于 0.64,以使人们的工作、文化娱乐、探亲访友、购物社交等活动在有限的空间内组织,出行距离缩短。

(4) 效率优先的中心区街网模式转变:基于效率优先的路网间距(间距范围控制在 250~150 m),探讨与之对应的城市用地—街网一体化的设计模式。在解析已有研究的"四角+边缘"的路网模式及"高密度单向二分路网模式下",提出一种等间距的路网模式,即沿干路的直行方向,按照相同的间距布置道路,并保证干路上相邻交叉口的间距相同,形成 250 m×250 m、160 m×160 m、250 m×160 m 三类用地单元。灵活的用地单元使得该路网模式不仅在交通上能使出行效率提高,而且可以很好地适应市场经济下的多元需求特征,营造人行的尺度和环境,增强中心区的活力。

(5) 公共交通可达的中心区用地开发强度控制:基于与交通供给匹配的交通强度控制模型,在量化公共交通承载力基础上,对土地开发强度与公共交通承载力的匹配关系进行了量化研究。以常州中心区南大街地块为例,建立了动态测试模型,以协调用地强度与公共交通的关系。在动态对比测算中,先将地块内现状各街区居住用地、产业用地发开强度与交通承载力进行了对比分析,找出现状矛盾。然后在增加公交设施、用地置换情形下,对基于公交可达的(即 $G/A<0.7$)的土地开发强度进行了控制,从而反馈到具体片区、街区等规模强度层面,实现土地利用与交通规划的动态反馈。

(6) 交通导向的中心区城际铁路站场地区空间发展模式:本节首先通过调查与城际铁路客流相类似的沪宁动车组旅客对站点周边设施的需求,探讨站场地区的产业转型方向。其次,在对旅客前往各产业设施的出行方式与忍受时间的意愿调查基础上,通过分析旅客的出行距离特性,研究站场空间的圈层规模、产业的空间分布特征及其相关联的用地布局。最后,基于该地区交通供给的承载力,提出土地开发强度适宜性的判定方法,并以沪宁铁路常州站为例进行实证研究。

第五章 研究结论与展望

5.1 主要研究成果与结论

本书依托国家自然科学基金(No.51008061)《面向交通效率提升的旧城中心区疏解与再集中更新模式研究》、中国博士后科学基金特别资助《面向交通效率提升的旧城中心区用地有效整合更新模式研究》、中国博士后科学基金(No.20090461054)《基于系统耦合的城市中心区用地与交通的一体化发展研究》三项科研课题,基于东南大学城市规划学科、交通运输规划学科收集的大量土地利用、居民出行调查数据,围绕"历史演变"、"影响机制"、"引导模式"三个层级,对多元交通系统对多尺度空间的引导问题进行了研究,主要成果与结论总结如下。

1) 交通对中心区影响的历史演变规律

历史到现状,本书以常州老城中心区为典型案例,通过分析提取各时期阶段中心城区的空间形态、用地功能以及规划强度变化,结合不同时期的交通技术创新、交通系统建设、交通结构演化,总结综合交通体系对中心区城市空间影响的历史演变规律,以探寻交通体系对城市空间的影响要素及影响程度。

(1) 交通技术创新对空间形态影响方面:研究首先通过交通工具从步行、马车时代—电车时代—铁路阶段—汽车阶段—高速公路时代等一系列从体力到机动化的技术创新,分析其对城市空间形态依次由紧凑团状—扇形—串珠走廊—同心环状—多核心的演化作用,并以常州中心区交通技术与形态演化的关联性为案例进一步说明。

(2) 在交通对工业用地、居住用地和商业用地等用地功能演化的影响方面:从工业用地来看,伴随着对外交通方式及条件的改变,工业用地布局呈现由早期的在老城中心区沿水运码头集聚—老城内铁路站点集聚—老城与外围组团联系的快速道路轴线扩展—城市边缘区高速公路出入口和港口周边集聚的规律;从居住用地来看,居住用地呈现由步行时代集中在老城中心区,与工作地靠近—放射状快速道路沿线的居住用地集聚,职住分离—高速公路引导下居住地远郊扩散蔓延—BRT、轨道交通引导下居住区串珠状的重分布;而商业用地布局呈现早期在老城聚集形成核心区—对外交通道路沿线社区副中心—轨道(或 BRT)引导的城市次中心—TOD 导向的老城商业中心再强化。

(3)在交通结构演化对中心区用地强度支撑方面:研究首先分析常州中心区机动化交通需求强度逐渐增加,且交通结构正由独立慢行交通向以公交主导的多模式方向转化。在此基础上,对常州中心区的人口承载强度、土地承载强度的不断变化特征进行了分析。从而表明交通结构从慢行交通向以公交主导的多模式方向转化对用地强度不断增加的支撑作用。

2)交通对中心区空间的主动式引导机制

本书从宏观到微观,在中心区对外、中心区本体两个层面,通过度量对外交通可达性对区位优势度的影响、综合交通对用地空间布局的作用、街区尺度与出行效率的作用机制、合理交通需求对用地强度的作用,从理论上阐述综合交通对中心区空间发展的主动式引导机制及其规律。

(1)在中心区对外层级,研究了对外交通可达性对中心区区位影响:本书首先通过梳理交通可达性概念及区位理论,就对外交通与区位分布的关系进行了分析,在此基础上,运用可达性和聚集性两个因子衡量区位优势度,通过分析区位优势度与交通的关系,构建区位优势度度量模型。

(2)在中心区本体层级,本书首先就综合交通系统对中心区用地布局的影响进行了研究:在梳理已有的土地地租竞争理论上,本书对居住、商业、产业用地选择与地租的关系进行了分析。接下来,本书借助信息论中的熵,用常州中心区 2009 年土地使用现状数据,以交通系统建设各要素为自变量,转型期内的居住用地、商业用地和工业用地的区位熵为应变量,运用多元线性回归模型,计算各交通因子对城市用地布局的影响系数,揭示各种交通对居住区、商业区、工业区城市用地影响的强弱程度。结果表明:居住用地选择与 BRT 站点辐射率正相关性最大,BRT 站点覆盖面积每增加 10%,居住用地的区位熵将增加 0.08,却与城际铁路辐射负相关。商业用地的选择发展与体现机动车可达的路网密度、公交可达的 BRT 线路、对外交通可达的城际铁路均存在正相关的关系。而工业区与 BRT 站点、铁路辐射、主干路密度正相关,而与次干路、支路密度负相关。

(3) 本书对中心区街网模式与出行效率作用机理的研究包括:在国内外街网模式的分析基础上,比较不同间距模式下路网出行效率的差异。运用双层规划思想,在各交通方式的道路资源供给总量不变的约束条件下,建立适用于我国混合交通结构的路网间距 BLP 优化模型,并以集中块状的单中心大城市为算例,对道路网络布局与出行效率优化的理论进行测算应用,推导出效率优先的道路网平均间距应该小于 300 m,并保持在 250~150 m 之间,但不能低于 150 m,可保证各交通方式的出行时间总和最小。

(4) 在合理交通需求对土地开发强度控制研究方面:本书将突破以往仅对密度与交通方式选择关系、密度与出行距离关系、强度与交通生成关系的研究,而是基于交通需求对土地开发强度的控制反馈,进一步从公交主导、缩短出行距离、与供给资源匹配的交通生成等一系列的交通需求合理化措施,对土地开发强度提出控制策略。通过对长三角 7 个城市的数据分析表明,密度对私家车和公交车有较显著的影响,高密度开发地区居民通常采用公共交通和非机动车方式,而低密度开发地区则以私家车交通方式为主,人口密度 110 人/hm^2 为门槛值,公交导向下可持续的人口开发密度应该不小于 110 人/hm^2。再次,在密度与出行距离方面,为了缩短出行距离,人口密度应该保持在 120 人/hm^2 左右。最后,本书对各类用地性质的出行率进行了总结,并构建与交通供给匹配的交通强度控制模型。

3) 交通导向下中心区空间发展模式

基于第三章理论研究揭示的交通对空间影响的作用机制,以常州中心区为案例,从新旧组团交通可达下空间区位提升、交通导向下空间结构发展趋向、短路径出行的用地混合重组、效率优先的街网模式转变、公共交通可达的用地强度控制、客流出行特征导向的城铁触媒模式六大方面提出我国可持续发展的综合交通导向下的城市空间规划发展模式。

(1) 新旧组团交通可达下空间区位提升:以常州中心区对外交通为案例,对比对外交通现状与改善后对外可达性的增加以及其带来的改善前后区位优势度影响,通过前后优势度的比值 LP_1/LP_2,量化相对提升度,并对不同模型参数以及不同改善通道方案对相对优势度变化的敏感性进行分析,以定量反映区位与对外交通的相关关系。

(2) 多模式交通主导下空间结构发展趋向:根据各交通设施对中心区空间结

构的影响机制差异,对常州未来居住区、公共服务区、产业区空间结构发展模式及趋向进行了研究,指出通过对交通体系的合理的引导,常州市空间结构期望由单中心—集聚的蔓延型空间体系向多中心—舒展的紧凑型空间体系发展。

(3) 在短路径出行导向的用地混合重组:在对混合熵对出行需求影响理论进行梳理,借鉴香港及广州花都 CBD 轨道站点混合用地轨道站点周边混合用地成功案例基础上,阐述居住—就业平衡对工作出行距离,居住—商服对非工作出行距离影响机理,挖掘用地混合度阀值,以提出常州中心区适宜的用地混合度范围。研究表明居住—就业混合熵每增加 10%,将导致出行距离减少 1.15 km,居住—商服混合熵每增加 10%,机动车交通方式将有 16% 转向非机动车,出行距离将减少 2.06 km。相比而言,居住—就业平衡能比居住—商服平衡对出行距离减少的影响度小近 40%。而适宜的居住—就业平衡度应维持在 0.54~0.61 范围,适宜的居住—商服混合度应大于 0.64,以使人们的工作、文化娱乐、探亲访友、购物社交等活动在有限的空间内组织,出行距离缩短。

(4) 效率优先的中心区街网模式转变:基于效率优先的路网间距(间距范围控制在 250~150 m),探讨与之对应的城市用地—街网一体化的设计模式。在解析已有研究的"四角+边缘"的路网模式及"高密度单向二分路网模式下",本书提出一种等间距的路网模式,即沿干路的直行方向,按照相同的间距布置道路,并保证干路上相邻交叉口的间距相同,形成 250 m×250 m、160 m×160 m、250 m×160 m 三类用地单元。

(5) 公共交通可达的中心区用地开发强度控制:基于与交通供给匹配的交通强度控制模型,在量化公共交通承载力基础上,对土地开发强度与公共交通承载力的匹配关系进行了量化研究。以常州中心区南大街地块为例,建立了动态测试模型,以协调用地强度与公共交通的关系。在动态对比测算中,先将地块内现状各街区居住用地、产业用地发开强度与交通承载力进行了对比分析,找出现状矛盾。然后在增加公交设施、用地置换情形下,对基于公交可达的(即 $G/A<0.7$)的土地开发强度进行了控制,从而反馈到具体片区、街区等规模强度层面,实现土地利用与交通规划的动态反馈。

(6) 客流出行特征导向的中心区城际铁路站场地区空间发展模式:首先通过调查与城际铁路客流相类似的沪宁动车组旅客对站点周边设施的需求,探讨站场地区的产业转型方向。其次,在对旅客前往各产业设施的出行方式与忍受时间的意愿调查基础上,通过分析旅客的出行距离特性,研究站场空间的圈层规模、产业的空间分布特征及其相关联的用地布局。最后,基于该地区交通供给的承载力,提出土地开发强度适宜性的判定方法,并以沪宁铁路常州站为例进行实证研究。

5.2 研究展望

(1) 本书的研究案例主要是针对常州旧城中心展开的,进一步的研究工作将在其他城市中心区中开展。

(2) 本书提出中心区街区模式转变,进一步的研究工作将在不同参数设置下进行微观仿真测试,并希望能在城市中心区中得到实践。

(3) 本书提出基于短路径的用地混合重组,进一步的研究工作将与老城更新相结合,针对具体地块提出与原有用地的结合与混合模式。

(4) 本书第三章的各等级道路公交流量模型是在直行式公交线网布局下推导的,对于按照公交出行 od "逐条布设"的公交线网的布局下的公交流量模型将在进一步的工作中展开。

参考文献

[1] Mitchell R, Rapkin C. Urban Traffic: A Function of Land-use[M]. New York: NY Columbia University Press, 1954

[2] Frank L D, Pivo. Impacts of mixed use and density on utilization of three modes of travel: single occupant vehicle, transit and walking[J]. Transportation Research Record, 1994

[3] Carey Curtis. Can strategic planning contribute to a reduction in car-based travel[J]. Transport Policy, 1996(3)

[4] Simmonds, David. Transport effects of urban land use change[J]. Traffic Engineering Control, 1997(12)

[5] Giuliano, Genevieve. et al. Research issues regarding societal change and transport[J]. Journal of Transport Geography, 1997, 5(3)

[6] Ying ling Fan. The Built Environment, Activity Space, and Time Allocation[D]. The University of North Carolina, 2007

[7] Transportation Research Board, National Research Council[J]. Traffic Demand and Land Use, 2002

[8] 国家自然科学基金委员会,工程与材料科学部. 建筑环境与土木工程本:建筑环境与交通工程卷学科发展战略研究报告(2006—2010年)[M]. 北京:科学出版社, 2006

[9] 孙斌栋,等. 城市空间结构对交通出行影响研究的进展——单中心与多中心的论争[J]. 城市问题, 2008(1)

[10] 钱林波. 城市土地利用混合程度与居民出行空间分布[J]. 城市研究, 2000(3): 7-10

[11] 周素红,闫小培. 广州城市居住—就业空间及对居民出行的影响[J]. 城市规划, 2006(5): 13-18

[12] 杨敏. 基于活动的出行链特征与出行需求分析方法研究[D]. 南京:东南大学,2007

[13] 彭唬,陆化普,王继峰. 城市空间形态对交通生成影响分析[J]. 武汉理工大学学报,2008(6):976-978

[14] 许学强,等. 城市地理学[M]. 北京:高等教育出版社,1997

[15] Hall Peter. The future of the metropolis and its form[J]. Regional Studies,1997,31(3)

[16] Richmond, Jonathan. Simplicity and complexity in design of transportation systems and urban forms [J]. Journal of Planning Education and Research,1998(17)

[17] Stover Vergil, et al. Transportation and Land Development[M]. Englewood Cliffs, N.J.:Prentice-Hall,1988

[18] Still B G, et al. The assessment of transport impacts on land use: practical uses in strategic planning [J]. Transport Policy,1999 (6):83-98

[19] Thomas J, Baerwald. The site selection process of suburban residential builders [J]. Urban Geography, 1981(2)

[20] Berechman J,Small K A. Modeling land use and transportation: an interpretive review for growth areas[J]. Environment and Planning Part A,1988 (20):1285-1309

[21] Lam W H K. Using Genetic Algorithm to Optimize Land Use Development Plan in Hong Kong[J]. Traffic and Transportation Studies,2000

[22] Bertolini L, et al. Sustainable accessibility: a conceptual framework to integrate transport and land use plan-making. Two test-applications in the Netherlands and a reflection on the way forward.[J]. Transport Policy,2005 (12):207-220

[23] Peter Caltherpe. Pedestrian Pockets [J]. Whole Earth Review, Spring. 1988

[24] Peter Caltherpe. Transit-Oriented Development[J]. The Urban Ecologist, Fall. 1993

[25] Heart, Bennet. The Smart Growth Climate Change Connection [R].

Conservation Law Foundation,2000

[26] 段进.城市空间发展论[M].南京:江苏科技出版社,1999

[27] 杨涛.空间句法:从图论的角度看中微观城市形态[J].国外城市规划,2006,21(3):48-52

[28] 管驰明,崔功豪.公共交通导向的中国大都市空间结构模式探析[J].城市规划,2003(10):33-37

[29] 潘海啸,任春洋,杨眺晕.上海轨道交通对站点地区土地使用影响的实证研究[J].城市规划学刊,2007(4):94-97

[30] 曹小曙.小汽车交通与城市空间[J].现代城市研究,2008(7):78-81

[31] 杨励雅,秦燕燕,邵春福.轨道交通建设影响下土地利用性质空间分异的组合预测模型[J].中国铁道科学,2008(1):114-119

[32] 张正康,基于交通可达性的城市土地利用布局探讨——以广州亚运村规划与设计为例[J].规划师,2009(2):30-34

[33] 丁成日.城市"摊大饼"式空间扩张的经济学动力机制[J].城市规划学刊,2005,29(4):56-60

[34] 潘海啸,任春洋.《美国TOD的经验、挑战和展望》评价[J].国外城市规划,2004(6):61-66

[35] 马强.走向"精明增长":从"小汽车城市"到"公共交通城市"[M].北京:中国建筑工业出版社,2007

[36] 东南大学建筑学院,常州城市规划设计院.常州旧城更新规划研究[R],2009

[37] 东南大学交通学院.常州公交线网优化方案研究[R],2009

[38] 杨荫凯,金凤君.交通技术创新与城市空间形态的相应演变[J].地理学与国土研究,1999,15(1):44-47

[39] 刘魏巍,陈国伟,潘海啸.城市交通对常州城市空间演化的影响研究[J].现代城市研究,2009(10):62-66

[40] 同济大学.以现代化综合交通体系建设为导向的常州城市空间发展实施策略研究[R],2008

[41] 黄思杰.交通与居住空间分布关系的模拟研究[D].上海:同济大学,2006

[42] Jae-Hong Kim, Francesca Pagliara, John Preston. Transport policy im-

pact on residential location[J]. International Review of Public Administration, 2004, 9(1)

[43] 阳建强,吴明伟. 现代城市更新[M]. 南京:东南大学出版社,1999

[44] 常州市统计局. 常州市统计年鉴(1990—2010)[M]. 北京:中国统计出版社,2010

[45] 南京市交通规划有限责任公司. 常州市综合道路交通规划[R],2004

[46] Hansen W G. How accessibility shapes land use[J]. Journal of the American Institute of planners,1959(25):73-76

[47] Linneker B, Spence N A. Accessibility measures compared in an analysis of the impact of the M25 London Orbital Motorway on Britain[J]. Environment and Planning Part A, 1992(24):1137-1154

[48] Mackiewicz A, Ratajczak W. Towards a new definition of topological accessibility[J]. Transportation Research Part B, 1996,30(1):47-79

[49] Kwan M P, Murray A T. Recent advances in accessibility research: Representation, methodology and applications[J]. Geographical Systems, 2003(5):129-138

[50] 陈永庆. 副中心形成发展研究[D]. 上海:上海理工大学,1990

[51] 刘平,邓卫. 交通影响费计算的区位影响研究[J]. 城市规划,2008.32(6):70-75

[52] 宛素春. 城市空间形态解析[M]. 北京:科学出版社,2004

[53] Alonso W. A theory of the urban land market//Papers and Proceedings on the Sixth Annual Meeting of the Regional Science Association[C],1960:149-157

[54] 刘贤腾,顾朝林. 解析城市用地空间结构:基于南京市的实证[J]. 城市规划学刊,2008(5):78-84

[55] 梁江,孙晖. 模式与动因——中国城市中心区的形态演变[M]. 北京:中国建筑工业出版社,2007

[56] 赵燕菁. 从计划到市场从计划到市场:城市微观道路——用地模式的转变[J]. 城市规划,2002(10)

[57] Feisheli Song. Urban Traffic[M]. Architecture and Industry Press,1984:

177-188

[58]　盛昭瀚. 主从递阶决策论——StackelBerg 问题[M]. 北京:科学出版社,1998

[59]　高自友,宋一凡,四兵峰. 城市交通连续平衡网络设计——理论与方法[M]. 北京:中国铁道出版社,2000

[60]　Yang H, Bell M G H. Transport bilevel programming problems:recent methodological advances [J]. Transportation Research, 2001, 35b(1):1-4

[61]　Beckman M, Mcguire C B, Winsten C. B. Studies in the Economics of Transportation[M]. New Haven Yale University Press,1956

[62]　蔡军. 道路网组织体系研究[D]. 上海:同济大学,2006

[63]　文国玮. 城市交通与道路系统规划[M]. 北京:清华大学出版社,2001

[64]　同济大学,上海市公安局. 上海市工程建设规范——城市道路平面交叉口规划与设计规程[S]. 2001

[65]　TRB Committee on Highway Capacity and Quality of Service. Highway Capacity Manual [R], 2000

[66]　才立人. SCOOT 系统在北京市应用的效益分析[J]. 交通工程,1988(2)

[67]　杨配昆. 重议干路网密度——对修改城市道路交通规划设计规范的建议[J]. 城市交通,2003(1):53-54

[68]　周文竹. 交通模式—道路资源配置—出行效率的平衡与优化[D]. 南京:东南大学,2009

[69]　许学强,周一星,宁越敏. 城市地理学[M]. 北京:高等教育出版社,1997:221-234

[70]　Wright F L. Broadacre City:A New Community Plan in Architectural Record [J]. Transportation Research Board,1935(4):243-254

[71]　陈友华,赵民. 城市规划概论[M]. 上海:科学技术文献出版社,2000

[72]　莫什·萨夫迪,著;吴越,译. 后汽车时代的城市[M]. 北京:人民文学出版社,2001

[73]　周素红,杨利军. 城市开发强度影响下的城市交通[J]. 城市规划学刊,2005,156(2):75-80

[74] Pushkarev B, Zupan J. Public Transportation and Land Use Policy[M]. Indiana University Press, 1977

[75] Cevero R. Mixed land-uses and commuting: Evidence from the American housing survey[J]. Transportation Research Part A, 1996(5):361-377

[76] Schimek P. Land-use, Transit, and Mode Split in Boston and Toronto// Presented at the Association of Collegiate School of Planning and Association of European School of Planning Joint International Congress[C], Toronto, Canada, July, 1996

[77] Parsons Brinker Hoff, Quade, Douglas. Transit and Urban Form: Mode of access and catchment areas of rail transit TCRP Project H-1[J]. Transportation Research Board, 1996(3)

[78] Messenger T, Ewing R. Transit-oriented development in the sun Belt[J]. Transportation Research Record, 1996(1552):145-153

[79] Cevero R, Kockelman K. Travel demand and the 3 D's : density, diversity, and design[J]. Transportation Research Part D, 1997(3):199-219

[80] Cevero R. America's Suburban Centers: The Land use-Transportation Link[M]. Unwin Hyman Press, 1989

[81] Frank L D, Pivo G. Impacts of mixed use and density on utilization of three modes of travel ; Single-occupant vehicle , transit, and walking[J]. Transportation Research Record, 1994(1466):44-52

[82] http://www.qjtpa.org/planning/census2000/ctpp2000 profiles

[83] http://www.dft.gov.uk/ transport statistics

[84] http://www.singstat.gov.sg/papers/c2000/adr-transport.pdf

[85] 东南大学交通学院. 昆山市综合交通规划[R], 2002

[86] 东南大学交通学院. 苏州市公共交通规划[R], 2000

[87] 东南大学交通学院. 铜陵市综合交通规划[R], 2004

[88] 东南大学交通学院. 温岭市交通管理规划[R], 2002

[89] 东南大学交通学院. 徐州市综合交通规划[R], 2003

[90] 东南大学交通学院. 常州市综合交通规划[R], 2001

[91] 东南大学交通学院. 南通市交通管理规划[R], 2003

[92] http://www.publicpurpose.com/hwy-irtltr.htm

[93] Banister Chris, Gallent Nick. Sustainable commuting: A contradiction in terms[J]. Regional Studies,1999(33):274-280

[94] Nobuaki Inoue, Kees Van, et al. Analysis of differences in population distribution between big cities in the Kyushu region and the Netherlands// Proceedings of the Eastern Asia Society for Transportation Studies [C],2003

[95] Dunphy R T, Fisher K. Transportation, congestion and density: New insights[J]. Transportation Research Record, 1996(1552):89-96

[96] Parsons Brinkerhoff, Quade and Douglas Inc. Influence of land-use mix and neighborhood design on transit demand[J]. Transportation Research Board,1996

[97] S 斯岱尔斯,刘志,著;李亚明,赵一新,译;李晓江,校.中国城市机动化:问题及对策//中国城市交通发展战略研讨会文集[C].北京:中国建筑工业出版社,1995

[98] 中华人民共和国建设部.城市用地分类与规划建设标准(GBJ 137-1990)[S].北京:中国建筑工业出版社,1991

[99] 阿特金斯规划顾问有限公司,南京交通规划研究所.南京交通白皮书[R],2006

[100] 中华人民共和国建设部.建设项目交通影响评价技术标准[S].北京:中国建筑工业出版社,2007

[101] http://www.mtr.com.hk/chi/properties/index.html

[102] The transport department of Hong Kong. Travel Characteristics Survey [R],2002

[103] 东南大学建筑学院.广州花都区城市中轴线规划研究及 CBD 城市设计[R],2010

[104] Milakis D, Vlastos, Barbopoulos. The optimum density for the sustainable city: The case of Athens in Kungolos AG, Brebbia CA and Beriatios E [J]. Sustainable Development and Planning, 2005(1)

[105] Milakis D. Land use and transport investigation of the urban macro-and

micro-scale effects on travel behaviour[D]. National Technical University of Athens, 2006

[106] Newman P, Kenworthy J. Sustainability and cities.: Overcoming automobile dependence[M], Washington DC. 1999

[107] Calthorpe Associate. Urban Design of ChengGong New town [R], 2011

[108] Luca Bertolini, Tejo Spit. Cities on rails: The Redevelopment of Railway Station Areas [M]. USA and Canada Routledge, 1998

[109] Schutz. HST-Railway Stations as Dynamic Nodes in Urban Networks [R], 1998

[110] 郝之颖. 高速铁路站场地区空间规划[J]. 城市交通, 2008, 6(5): 48-52

[111] 侯明明. 高铁影响下的综合交通枢纽建设与地区发展研究[D]. 上海: 同济大学, 2007

[112] 倪凯旋. 整合策略引导下的城市综合交通枢纽地区更新改造研究[D]. 上海: 同济大学, 2008

[113] 边扬. 城市步行交通系统规划方法研究[D]. 南京: 东南大学, 2007

[114] 郑德高, 杜宝东. 寻求节点交通价值与城市功能价值的平衡——探讨国内外高铁车站与机场等交通枢纽地区发展的理论与实践[J]. 国际城市规划, 2007, 22(1): 72-76

[115] 郑猛, 张晓东. 依据交通承载力确定土地适宜开发强度——以北京中心城控制性详细规划为例[J]. 城市交通, 2008, 6(5): 15-18

[116] 常州市城市规划设计院. 常州城铁车站地区控制性详细规划[Z], 2009

附录 A 中心区不同间距下路网模式

模式 A—1:路网平均间距 400 m

该模式路网布局,快、主、次、支各等级道路个数 γ^j 分别为: $\gamma^1=4, \gamma^2=4, \gamma^3=4, \gamma^4=6$,如图 A.1 所示。

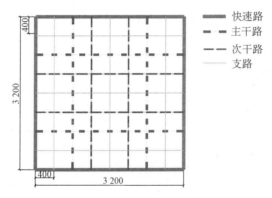

图 A.1 中心区 400 m 间距路网布局图

依据公交路段流量模型及公交专用道设置标准计算出,快、主、次、支均需要设有公交专用道,依据公交资源总量约束式(3.23)可计算快、主、次、支道路上公交专用双向车道数量分别为 3.49,3.16,2.11,2.73。对于双向通行的道路,车道数量应该为偶数。因此取近似值 $N_3^1=4, N_3^2=4, N_3^3=2, N_3^4=2$。

同理,依据资源总量约束式(3.15)(3.16)可计算快、主、次、支道路上小汽车、摩托车双向车道数量分别为 4.91,3.52,2.35,3.85。对于双向通行的道路,车道数量应该为偶数,因此取近似值 $N_{1,2}^1=6, N_{1,2}^2=4, N_{1,2}^3=4, N_{1,2}^4=4$。

由此推算包含小汽车、摩托车、公交车在内的机动车资源总量近似为:$PKM_{1,2,3}^1=128, PKM_{1,2,3}^2=102.4, PKM_{1,2,3}^3=76.8, PKM_{1,2,3}^4=115.2$。

依据自行车资源总量约束,可计算得到主、次、支道路上自行车双向车道数量分别为:3.8,2.53,4.88,取近似值 $N_4^2=4, N_4^3=4, N_4^4=4$。

下层模型中小汽车、摩托车、自行车路段流量通过 UE 平衡分配获得,利用 TransCAD 求解各路段流量 f_l^{nm}。仿真结果表明路网中相同等级道路上的交通流饱和度趋于均衡,且南北和东西向道路的上下游流量变化起伏不大。因此当 $m \in A^j$ 时,把属于同一道路等级的路段流量 f_l^{nm} 求平均值,可得到各等级道路的平均流量。

从分配结果看出,主干路沿线上交叉口流量大,实行绿波控制,信号周期相同为 160 s,采用四相位信号设置。次干路、支路沿线交叉口根据交叉口流量分别设置信号周期(详见附录 B 信号配时图)。

主干路沿线直行绿波控制,相邻交叉口的相位差为小汽车(摩托车)在路段的行驶时间。因此,小汽车(摩托车)对于绿波的控制效果较好。对于公交车而言,假设由于站点停靠,使它在下一个交叉口随机到达,但如果没有站点停靠,绿波控制效果也较好(详见附录 B 绿波图)。

交叉口需要进行拓宽设计。小汽车、摩托车在主、次干路进口道上拓宽为 2 个直行进口道 $N_{T1,2}^2 = N_{T1,2}^3 = 2$,支路上直行、直左、直右 3 个进口道。公交在主干路进口道上为 2 个直行进口道 $N_{T3}^2 = 2$,在次、支干路上 $N_{T3}^3 = N_{T3}^4 = 1$。

模式 A—2:路网平均间距 350 m

该模式路网布局,快、主、次、支各等级道路个数 γ^j 分别为:$\gamma^1 = 4, \gamma^2 = 4, \gamma^3 = 4, \gamma^4 = 8$,如图 A.2 所示。

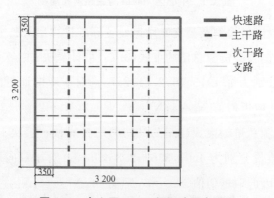

图 A.2 中心区 350 m 间距路网布局图

依据公交路段流量模型及公交专用道设置标准可推算出,快、主、次均需要设有公交专用道,依据公交资源总量约束式(3.23)可计算快、主、次道路上公交专用双向车道数量分别为 3.47,3.37,2.5。对于双向通行的道路,车道数量应该为偶数。因此取近似值 $N_3^1=4, N_3^2=4, N_3^3=2$。

同理,在与模式 A－1 的机动车资源总量近似值相同的约束条件下,可计算快、主、次道路上小汽车、摩托车双向车道数量分别为 $N_{1,2}^1=6, N_{1,2}^2=4, N_{1,2}^3=4$;支路上小汽车、摩托车、公交车混合双向车道数量为 $N_{1,2,3}^4=4$ 或 $N_{1,2,3}^4=6$[①]。

依据自行车资源总量约束,为了保证自行车资源总量近似值与模式 A－1 相同,可计算得到主、次、支道路上自行车双向车道数近似值为 $N_4^2=4, N_4^3=4, N_4^4=2$ 或 $N_4^4=4$。

主干路沿线上交叉口流量大,实行绿波控制,信号周期相同为 160 s,采用四相位信号设置。次干路、支路沿线交叉口根据交叉口流量分别设置信号周期,详见表 3.14。

交叉口需要进行拓宽设计。小汽车、摩托车在主、次干路进口道上拓宽为 2 个直行进口道 $N_{T1,2}^2=N_{T1,2}^3=2$,支路上直行、直左、直右 3 个进口道。公交在主干路进口道上为 2 个直行进口道 $N_{T3}^2=2$,在次干路进口道上为 1 个直行进口道 $N_{T3}^3=1$。

模式 A—3:路网平均间距 300 m

该模式路网布局,快、主、次、支各等级道路个数 γ^j 分别为:$\gamma^1=4, \gamma^2=4, \gamma^3=8, \gamma^4=8$ 如图所示。

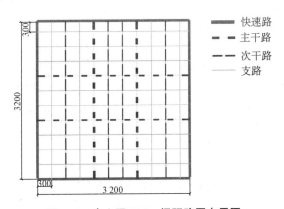

图 A.3 中心区 300m 间距路网布局图

依据公交路段流量模型及公交专用道设置标准计算出,快、主需要设置公交专

[①] 模式 A－2 下,支路机动车 6 条双向 4 车道,2 条双向 6 车道;自行车 4 条双向 2 车道,4 条双向 4 车道。

用道,依据公交资源总量约束式(3.23)可计算快、主道路上公交专用双向车道数量分别为 3.47,3.37;取近似值 $N_3^1=4,N_3^2=4$。

同理,在与模式 A－1 的机动车资源总量近似值相同的约束条件下,可计算快、主道路上小汽车、摩托车双向车道数量为 $N_{1,2}^1=6,N_{1,2}^2=4$;次、支道路上小汽车、摩托车、公交车混合双向车道数量分别为 $N_{1,2,3}^3=2$ 或 $N_{1,2,3}^3=4$,$N_{1,2,3}^4=4$ 或 $N_{1,2,3}^4=6$①。

依据自行车资源总量约束,可计算得到主、次、支道路上自行车双向车道数近似值为 $N_4^2=4,N_4^3=2,N_4^4=2$ 或 $N_4^4=4$。

主干路沿线上交叉口流量大,实行绿波控制,信号周期相同为 160 s,采用四相位信号设置。次干路、支路沿线交叉口根据交叉口流量分别设置信号周期,详见表 3.14。

交叉口拓宽渠化设计后,小汽车、摩托车在主干路进口道上拓宽为 2 个直行进口道 $N_{T1,2}^2=2$;小汽车、摩托车、公交车在次干路为 2 个直行进口道 $N_{T1,2,3}^3=2$;支路上直行、直左、直右 3 个进口道;公交在主干路进口道上为 2 个直行进口道 $N_{T3}^2=2$。

模式 A－4:路网平均间距 250 m

该模式路网布局,快、主、次、支各等级道路个数 γ^i 分别为:$\gamma^1=4,\gamma^2=4,\gamma^3=8,\gamma^4=12$,如图 A.4 所示。

依据公交路段流量模型及公交专用道设置标准计算出,快、主需要设置公交专用道,依据资源总量约束式(3.23)可计算快、主道路上公交专用双向车道数量分别为 3.47,3.37,取近似值 $N_3^1=4,N_3^2=4$。

同理,在与模式 A－1 的机动车资源总量近似值相同的约束条件下,计算快、主道路上小汽车、摩托车双向车道数量分别为 $N_{1,2}^1=6,N_{1,2}^2=4$;次、支道路上小汽车、摩托车、公交车混合双向车道数量分别为 $N_{1,2,3}^3=2$ 或 $N_{1,2,3}^3=4$,$N_{1,2,3}^4=2$ 或 $N_{1,2,3}^4=4$②。

依据自行车资源总量约束,可计算得到主、次、支道路上自行车双向车道数近似值为 $N_4^2=4,N_4^3=2,N_4^4=2$。

---

① 模式 A－3 下,300 m 次干路 4 条机动车双向 4 车道,4 条机动车双向 2 车道;支路 2 条机动车双向 6 车道,6 条机动车双向 4 车道。支路自行车 4 条双向 4 车道,4 条双向 2 车道。

② 模式 A－4 下,次干路 4 条机动车双向 4 车道,4 条机动车双向 2 车道;支路 6 条机动车双向 4 车道,6 条机动车双向 2 车道。

附录A 中心区不同间距下路网模式

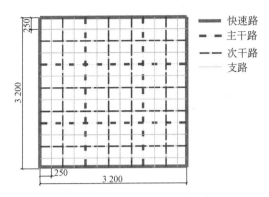

图A.4 中心区250 m间距路网布局图

从流量分配结果来看,主、次、支路段饱和度较为均衡,基本分布在0.40~0.55之间,因此信号周期可同取为90 s,全局实行绿波控制,各交叉口信号配时(详见表3.14)。

交叉口拓宽渠化设计后,小汽车、摩托车在主干路进口道上拓宽为2个直行进口道 $N_{T1,2}^2=2$;次干路、支路均为直行、直左、直右3个进口道;公交在主干路进口道上为2个直行进口道 $N_{T3}^2=2$。

模式 A-5:路网平均间距 200 m

该模式路网布局,快、主、次、支各等级道路个数 γ^j 分别为: $\gamma^1=4, \gamma^2=6, \gamma^3=8, \gamma^4=16$,如图A.5所示。

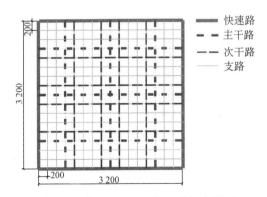

图A.5 中心区200 m间距路网布局图

依据公交路段流量模型及公交专用道设置标准,计算出快、主道路需要设置公交专用道,依据公交资源总量约束式(3.23)可计算快、主道路上公交专用双向车道数量分别为3.47,2.25;取近似值 $N_3^1=4, N_3^2=2$。

同理,在与模式 A-1 的机动车资源总量近似值相同的约束条件下,$N^1_{1,2}=6$,$N^2_{1,2}=2$ 或 $N^2_{1,2}=4$①;次、支道路上小汽车、摩托车、公交车混合双向车道数量 $N^3_{1,2,3}=2$ 或 $N^3_{1,2,3}=4$,$N^4_{1,2,3}=2$。

依据自行车资源总量约束,可计算得到主、次道路上自行车双向车道数近似值为 $N^2_4=2$ 或 $N^2_4=4$;$N^3_4=2$,支路单行,单向自行车道为 $N^4_4=2$ 或 $N^4_4=1$。

全局实行绿波控制,信号周期可同取为 90 s,且由于道路间距小,对于相邻的支路,可设置配对的单行线,这样不仅能使绿波效果得到进一步提高,同时与支路相交的道路可实行远引左转,相位数可减少为 2 相位。各交叉口配时图见详见表 3.14。

交叉口拓宽渠化设计后,小汽车、摩托车在主干路进口道上拓宽为 2 个直行进口道 $N^2_{T1,2}=2$;小汽车、摩托车、公交车在次干路为 2 个直行进口道 $N^3_{T1,2,3}=2$。支路上直左、直右两个进口道;公交在主干路进口道上为 1 个直行进口道 $N^2_{T3}=1$。

模式 A-6:路网平均间距 150 m

该模式路网布局,快、主、次、支各等级道路个数 γ^i 分别为:$\gamma^1=4$,$\gamma^2=8$,$\gamma^3=12$,$\gamma^4=20$,如图 A.6 所示。次干路、支路均组织单行线路。

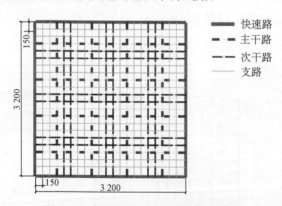

图 A.6 中心区 150 m 间距路网布局图

依据公交路段流量模型及公交专用道设置标准计算,得出快速路需要设置公交专用道,依据公交资源总量约束式(3.23)可计算快速路上公交专用双向车道数

---

① 模式 A-5 下,主干路 4 条机动车双向 4 车道,自行车双向 4 车道,2 条机动车双向 2 车道,自行车双向 2 车道。次干路 4 条机动车双向 4 车道,4 条机动车双向 2 车道。支路自行车单行,8 条 2 车道,8 条单车道。

量分别为 3.47,取近似值 $N_3^1=4$。

同理,在与模式 A-1 的机动车资源总量近似值相同的约束条件下,小汽车双向车道数 $N_{1,2}^1=6$;主、次、支道路上小汽车、摩托车、公交车混合双向车道数量分别为 $N_{1,2,3}^2=4$,$N_{1,2,3}^3=2$(单行),$N_{1,2,3}^4=2$(单行)。

依据自行车资源总量约束,可计算得到主道路上自行车双向车道数近似值为 $N_4^2=4$;次、支单行,车道数为 $N_4^3=2$ 或 $N_4^3=1$,$N_4^4=1$。

各交叉口信号周期可同取为 90 s,全局实行绿波控制,由于次干路、支路组织单行线,与次干路、支路相交的道路交叉口可实行远引左转,相位数可减少为 2 相位。各交叉口信号配时图详见表 3.14。

交叉口拓宽渠化设计后,小汽车、摩托车、公交在主、次干路进口道上拓宽为 2 个直行进口道 $N_{T1,2,3}^2=2$;支路上直行、直左、直右 3 个进口道。

模式 A-7:路网平均间距 100 m

该模式路网布局,快、主、次、支各等级道路个数 γ^j 分别为:$\gamma^1=8$,$\gamma^2=8$,$\gamma^3=12$,$\gamma^4=38$,如图 A.7 所示。次干路、支路均组织单行线路。

依据公交路段流量模型及公交专用道设置标准计算得出快速路需要设置公交专用道,依据公交资源总量约束式(3.23)可计算快速路上公交专用双向车道数量分别为 1.73,取近似值 $N_3^1=2$。

同理,在与模式 A-1 的机动车资源总量近似值相同的约束条件下,可计算快速路上小汽车双向车道数量为 $N_{1,2}^1=2$ 或 $N_{1,2}^1=4$[①];主、次、支道路上小汽车、摩托车、公交车混合双向车道数量分别为 $N_{1,2,3}^2=4$,$N_{1,2,3}^3=2$(单行),$N_{1,2,3}^4=1$(单行)。

各交叉口信号周期可同取为 90 s,全局实行绿波控制,由于次干路、支路组织单行线,与次干路、支路相交的道路交叉口实行远引左转,相位数可减少为 2 相位。各交叉口信号配时图详见表 3.14。

依据自行车资源总量约束,可计算得到主干路上自行车双向车道数近似值为 $N_4^2=4$;次、支单行,车道数为 $N_4^3=2$ 或 $N_4^3=1$,$N_4^4=1$。

交叉口拓宽渠化设计后,小汽车、摩托车、公交在主、次干路进口道上拓宽为 2 个直行进口道 $N_{T1,2,3}^2=2$;支路上直左、直右 2 个进口道。

---

① 模式 A-7,快速路 4 条机动车双向 4 车道,4 条机动车双向 2 车道。次干路单行,自行车道 8 条单向单车道,4 条单向 2 车道。

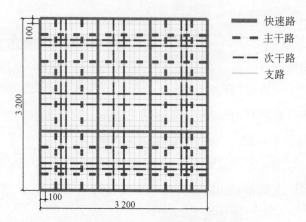

图 A.7　中心区 100 m 间距路网布局图

本书根据上述路网模式,对路网的技术指标、交通特性进行了分析,计算了各间距模式下的运输效率(详见表 3.14),其中路阻函数按照本书第二章的说明,取 $\alpha=1.0, \beta=5$;公交平均载客量按 36 人计算,中心区公交的平均乘距取 3.2 km。

附录 B 中心区信号绿时图及交叉口布局图

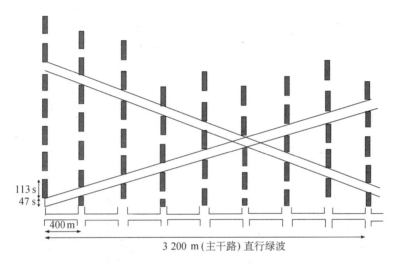

图 B.1 400 m 间距下小汽车(摩托车)通过主干路沿线绿时图

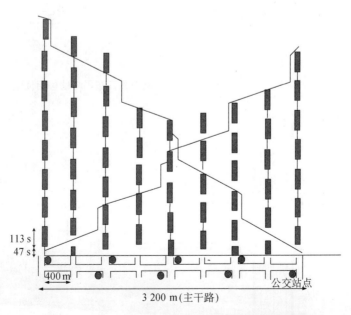

图 B.2 400 m 间距下公交车通过主干路沿线绿时图

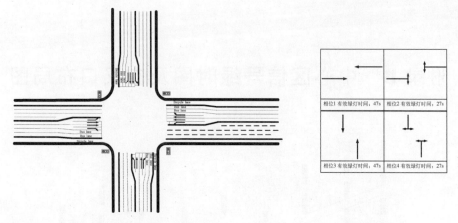

图 B.3　400 m 间距下主干路与主干路交叉口布局与信号相位图

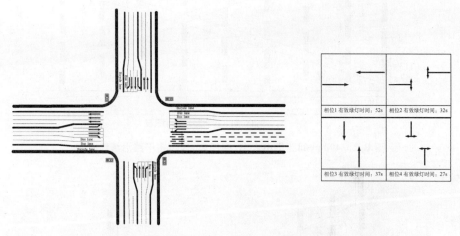

图 B.4　400 m 间距下主干路与次干路交叉口布局与信号相位图

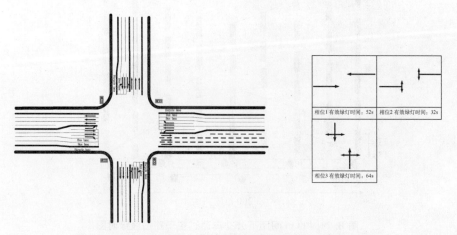

图 B.5　400 m 间距下主干路与支路交叉口布局与信号相位图

附录 B 中心区信号绿时图及交叉口布局图

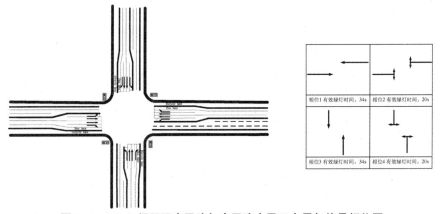

图 B.6 400 m 间距下次干路与次干路交叉口布局与信号相位图

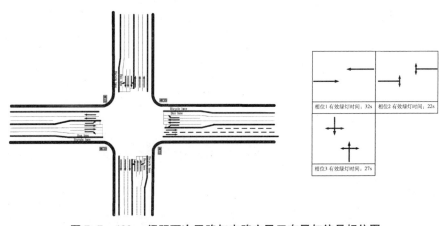

图 B.7 400 m 间距下次干路与支路交叉口布局与信号相位图

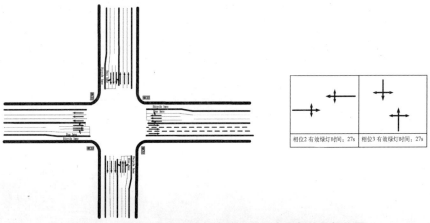

图 B.8 400 m 间距下支路与支路交叉口布局与信号相位图

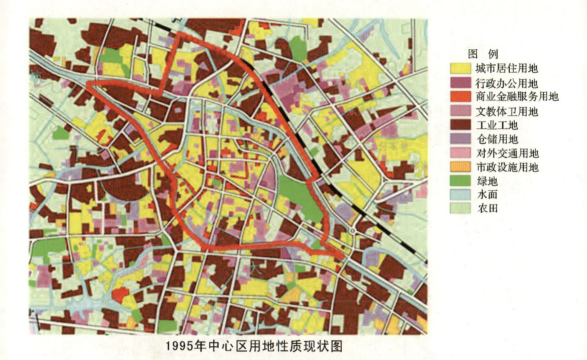

1995年中心区用地性质现状图

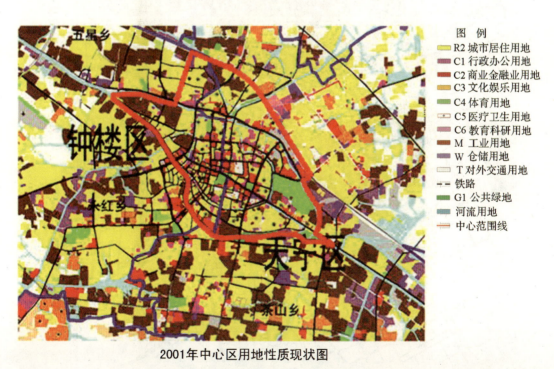

2001年中心区用地性质现状图

图 2.10 常州市中心区历年土地利用现状图及分析

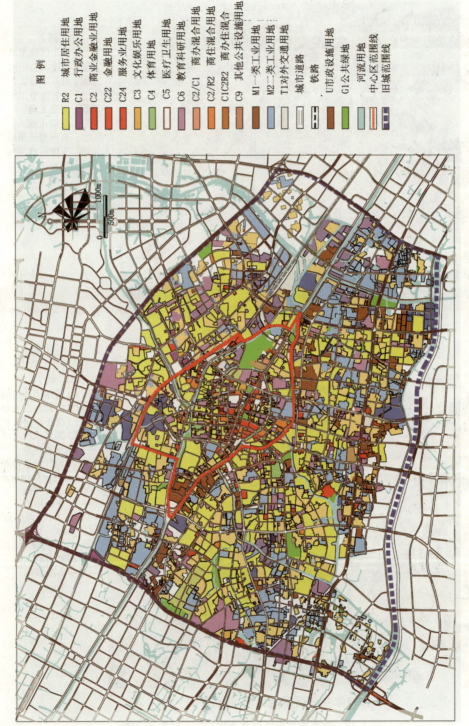

图3.4 2006年旧城及中心区用地现状图

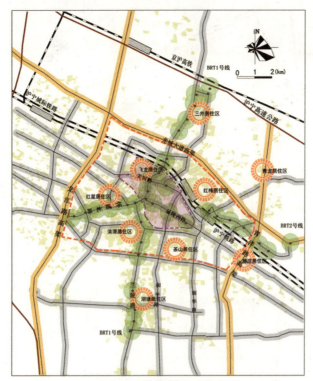

图4.6 旧城及中心区现状交通与居住用地分布

图4.7 常州未来居住空间结构图

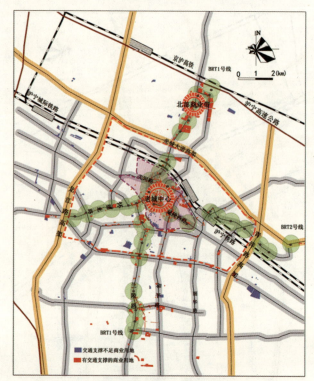

图4.8 旧城及中心区现状交通与商业用地分布

图4.9 常州未来公共服务区空间结构图

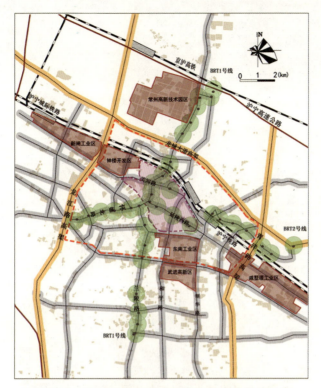

图4.10　旧城及中心区现状交通与产业用地分布

图4.11　常州未来产业区空间结构图

图4.26 南大街地块区位及现状用地分析图

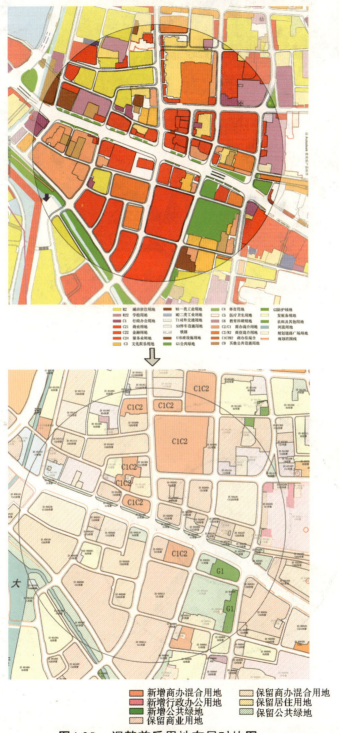

图4.28 调整前后用地布局对比图

图4.32 常州火车站地区用地现状

图4.33 常州城铁车站地区用地规划布局图